数字平台模块化对平台企业创新的作用机理研究

贾昌进　著

中国财经出版传媒集团
中国财经经济出版社
·北京·

图书在版编目（CIP）数据

数字平台模块化对平台企业创新的作用机理研究 / 贾昌进著. -- 北京：中国财政经济出版社，2025. 6.

ISBN 978 - 7 - 5223 - 4018 - 0

Ⅰ. F273. 1 - 39

中国国家版本馆 CIP 数据核字第 20254NP038 号

责任编辑：温彦君　　　　责任校对：张　凡

责任印制：张　健

数字平台模块化对平台企业创新的作用机理研究

SHUZI PINGTAI MOKUAIHUA DUI PINGTAI QIYE

CHUANGXIN DE ZUOYONG JILI YANJIU

中国财政经济出版社 出版

URL：http：//www. cfeph. cn

E - mail：cfeph@ cfeph. cn

社址：北京市海淀区阜成路甲 28 号　邮政编码：100142

营销中心电话：010 - 88191522

天猫网店：中国财政经济出版社旗舰店

网址：https：//zgczjjcbs. tmall. com

涿州汇美亿浓印刷有限公司印刷　各地新华书店经销

成品尺寸：170mm × 240mm　16 开　13. 5 印张　188 000 字

2025 年 6 月第 1 版　2025 年 6 月河北第 1 次印刷

定价：65. 00 元

ISBN 978 - 7 - 5223 - 4018 - 0

（图书出现印装问题，本社负责调换，电话：010 - 88190548）

本社图书质量投诉电话：010 - 88190744

打击盗版举报热线：010 - 88191661　QQ：2242791300

前言

随着大数据、云计算、物联网以及人工智能等新一代信息技术的迅速发展，数字经济成为实现新质生产力发展的关键。传统工业经济时代基于界限分明科层结构的“金字塔型”组织结构逐渐被以平台为中心多元主体耦合的生态圈结构所替代，平台组织成为汇聚创新资源，促进社会发展的新型组织模式，传统的模块化理论基于物理结构和组织结构的组织创新模式在数字经济背景下表现出新的特征、新的趋势，因此有必要研究模块化理论在接口界面数字化、模块数字化以及模块互赖数字化应用中的新场景。例如，平台界面和模块的共生演进和迭代升级表现出有别于传统模块化理论的鲜明特征，而平台模块化的分层现实及其引发的模块化创新尚未引起足够重视，平台界面的数字化接口和模块之间如何实现数字化匹配，平台负载的模块规模是否仍然适用于范围经济的学理揭示，模块之间基于共同用户需求的数字化传导机制是怎样的，均有待于理论界的深入研究。

目前，学界对平台、数字平台企业的概念进行了深入探讨，有的学者基于案例分析从组织结构、技术架构等方面探讨了数字平台对数字平台主体（包括平台企业和平台参与企业）的赋能作用；也有学者研究了平台的演化趋势、平台竞争等相关主题。但是，关于平台内在运行机制尤其对平台在结构上的依赖性和功能上的互补性模式的解构尚未深入探讨。在“结构—行为—绩效”范式分析框架下，为理解平台经济的本质规律、平台自身的演化过程及平台商业模式背后的底层逻辑，对平台源头性的组织结构模式的解构进行研究具有更为深远的意义。

事实上，平台组织依然具备模块化组织特征，只是在数字经济背景下呈现出新内涵、新特征。以移动操作系统平台为例，Android 系统和 iOS 系统属于典型的模块化数字平台，有别于工业经济时代的产品等物理性模块化，其具备更强的开放性、数据驱动和智能化的数字化特征，强调数据流动、用户参与和快速迭代，更加依赖于数据交互、个性化定制和动态适应，数字平台模块化的内在运行逻辑、机理、创新规律已截然不同。

据此，本书旨在从数字平台模块化的结构和机理方面，研究数字平台模块化对平台企业创新的内在作用机理，回答相较于传统产品平台，数字经济背景下的数字平台模块的接口规则如何变化？模块间的作用关系如何变化？在大数据背景下，长尾市场带来的消费者偏好以及用户引流带来的大数据效应，为平台竞争优势的提升带来了新的挑战，平台企业战略重心需要关注不同利益相关者带来的诉求。在此过程中，平台企业基于模块化的数字平台释放网络效应向各模块方渗透，通过跨界搜索多元知识，提升了创新资源的广度与深度，驱动平台企业创新迭代以响应需求端的用户反馈。因此，有必要进一步考察数字平台模块化与跨界搜索的关联关系，尤其是跨界搜索过程中模块接口的契合性、适配性以及模块间的互赖性所产生的知识流动关系，进而从结构和关系层面分析数字平台模块化对平台企业创新的内在作用机理，为提升我国数字经济背景下平台企业的竞争优势，进一步推进数字产业化和产业数字化，实现新旧动能转化，进而实现平台企业创新驱动提供微观层面的指引。

此外，平台企业在市场竞争中呈现出价值链的不断融合和重组，平台组织具有异质性的特征，在此情景下，不可能存在“一刀切”的治理模式，本书基于数字平台实践案例进行考察，当平台表现出侧重近似可分解性的模块化设计时，赋予各功能模块更多的自主权和创新自由度，但可能在跨各子平台层的模块搜索过程中，出现数据篡改或丢失的情况，导致信息的完整性受到威胁；当平台表现出侧重规则设计明确性的模块化设计时，更倾向于驱动平台同层模块间的跨界搜索广度，但同时可能面临着模块间互赖关系导致的资源竞争等问题。因此，平台企业侧重不同维度的数字平台模块化设计，在跨界搜索中面临异质性风险类型，需要“分而治之”的数字平台治理机制予以化解。因此，本书针对上述两种特殊情景下平台的治理模式进行了理论分析，并进一步基于客观数据对其进行了调节效应的检验，旨在从结构层面为数字经济背景下平台组织竞争优势的培育和平台生态的有效治理提供理论指导。

本书的学术贡献包括三个方面：第一，解释了数字经济背景下数字平台模块化的新内涵，创新性地提出了数字平台模块化有别于传统物理层面的、数字性的近似可分解性和规则设计明确性特征，丰富了模块化理论研究内容，拓宽了传统模块化理论的适用边界。第二，创新性地构建了数字平台模块化对平台企业创新的作用机理模型，提出了跨界搜索的中介作用。第三，针对侧重不同数字平台模块化设计特征的平台企业在跨界搜索中面临异质性风险，创新性地为平台企业提出了相机而动的治理机制，响应了学界对“涉及模块化的数字平台与企业创新的相关研究中，并未提出系统化治理机制，未来尚有空间予以深化”的呼吁。

作　者

2025 年 4 月

目录

第一章　绪　论

第一节　研究背景与研究意义

（一）研究背景

随着大数据、云计算、物联网以及区块链等新一代信息技术的迅速发展，以数字技术赋能和数据驱动为主要特征的数字经济蓬勃发展，传统工业经济时代基于界限分明科层结构的“金字塔型”组织结构逐渐被以平台为中心多元主体耦合的生态圈结构所替代，平台经济成为当前数字经济发展的主旋律，推动技术和产业变革朝着数字化、网络化、智能化方向加速演进。中国政府高度重视平台经济这一重大战略发展问题，从2018年政府工作报告中首次提出“发展平台经济”，到2021年，由中国企业数字化联盟和国内政企市场专业媒体企业网D1Net联合出品的《2021数字化转型白皮书》强调平台是数字化转型和落地的主要实现方式，再到2023年政府工作报告要求“支持平台经济发展”，推动国家层面的平台经济发展战略能够极大地促进国家平台经济高质量发展，为具备自身数字平台且能输出数字产品和数字服务的数字化平台企业创造良好的发展条件。

从实践来看，数字平台已经成为中国企业在数字化环境下发展的重要驱动引擎，在开拓市场需求、提高创新能力和优化资源配置等方面取得了显著成效，平台经济的发展成就了阿里巴巴、京东、腾讯等数字平台企业以及以海尔、一汽为代表的平台化转型企业。中国通信院公布的数据显示，截至

2020 年，中国市场上拥有超过 10 亿美元的数字平台企业从 2019 年的 64 家增加到 197 家，价值规模达 3.5 万亿美元。胡润研究院发布的“2022 年中全球独角兽榜”显示，抖音作为数字平台企业位居 TOP10 榜首，成为全球价值最高的独角兽。然而，数字平台经济快速发展的背后是多变、不确定、复杂和模糊的（以下简称“VUCA”）商业环境。数字平台持续面临动荡的环境、多样化的机理以及差异化的情景等，其复杂性愈演愈烈，深刻影响着平台企业的生存与创新发展。有很多企业虽取得一时成功但难以突破自身数字平台复杂性瓶颈，其竞争优势转瞬即逝。比如，难以兼顾自身内容审核和版权问题等复杂事项，且未能及时适应市场变化而导致失败的“Vine”平台；曾在 2011 年取得巨大成功，但由于未能解决平台利益相关方（商家与消费者）关系的复杂问题，而陷入“骗局风波”的“Groupon”团购平台等。通过透视和剖析现有发展较为成功的数字平台企业，如海尔、华为、阿里巴巴等可以发现，繁荣发展的平台企业的数字平台具有良好的模块化设计，通过模块化逻辑能够消解平台系统的复杂性，克服“大企业病”问题并保持灵活性。由此衍生出一个重要问题，面对数字平台经济加速发展带来的机会与挑战，平台企业如何基于模块化的数字平台突破传统企业局限与枷锁，实现蓬勃发展？数字平台模块化促进平台企业生存与发展的内在机理是怎样的？

事实上，这种利用数字技术构建数字平台且具备双边或多边市场、网络效应以及开放性等关键特征的数字平台企业，能够基于模块化的数字平台精准匹配外部市场中的供给端和需求端，敏捷响应长尾市场的个性化需求，同时，有效跨界连接平台各功能模块，扩大平台可访问的异质资源库，率先通过跨界实现了平台企业的数字化创新，推动了平台生态的整体跃迁与迭代升级。例如，海尔 COSMOPlat 平台通过统一的模块数据接口连接数字设备，突破模块边界，促进了产业数据的互联互访。在此过程中，平台企业通过跨界搜索获取供需知识，及时感知用户需求，促进平台企业竞争优势的形成，对平台企业基于数字平台模块化实现生存发展与快速成长极其重要。然而，尽管平台企业基于模块化的数字平台，驱动跨界搜索构建符合自身发展的创新资源池，实现创新效益的实践发展如火如荼，但理论发展相对滞后，难以助力实践发展。针对数字平台模块化如何实现平台企业创新这一关键问题，现有研究尚未给出清晰的解答。因此，从数字经济背景下平台企业实践发展来看，数字平台模块化对平台企业创新的内在作用机理研究是极具创新性和实践意义的问题。

模块化的数字平台为解决平台企业创新管理中的复杂性问题提供了结构化的理论基础，模块化理论在数字经济背景下焕发了新的活力，但现有研究缺乏从平台源头性的组织结构模式的解构视角来探讨数字平台模块化的本质特征。模块化理论的研究可以追溯到20世纪60年代，Siomn（1962）认为，人类的决策行为是基于有限的信息和认知能力，因此将复杂系统分解成相互独立的模块可以降低决策的复杂性，提高效率。20世纪90年代，Baldwin和Clark（1997）发表了《模块化时代的管理》论文，模块化开始进入系统性研究阶段。模块化在实践应用上的丰硕成果引起了理论界的研究热潮，学者们基于各自研究视角关注不同层面的模块化，包括产品模块化、组织模块化、流程模块化等模块化所产生的影响，并被陆续应用到产品开发、技术创新、战略管理和组织行为等领域（郝斌等，2011；曹虹剑等，2016；陶颜等，2016；龙勇和汪谷腾，2018）；与此同时，各层面模块化间的关系研究以及模块的识别和划分研究等不断深入（游博和龙勇，2016；张付英等，2019；张虎翼等，2022）。

在需求端驱动的新竞争格局下，传统的模块化相关理论解释乏力，在一定程度上制约了管理领域模块化理论的有效积累、检验和发展。数字经济背景下，平台企业模块化的数字平台作为实现配置多元化、产品和服务个性化的载体，是连接用户和互补方、构建双边市场乃至创新生态系统的纽带（王海军和金姝彤，2020），数字平台模块化逐渐引起学界的关注。金姝彤等（2021）指出模块化的数字平台核心要素包括分层平台架构、核心功能模块和明确的模块接口。Tiwana等（2010）认为平台架构的模块化通过独立功能模块的高内聚特性和灵活组合，弥补了传统集成平台复杂性和难协同的缺点，实现了系统功能的定制化配置而不损失整体功能，模块间的弱连接关系基于标准化接口形成松散耦合的网络效应（杨瑾和王雪娇，2019）。尽管现有研究认可了模块化在平台企业发展中的重要作用，但研究或是基于案例分析探讨了模块化的数字平台赋能平台参与企业与平台企业等主体的赋能作用（梅景瑶等，2020），或是基于模块化逻辑定义了数字平台企业内涵（徐岸峰等，2023）。数字平台组织仍采用模块化逻辑，但其模块化的内涵、特征维度在

"新背景"下表现出了"新"的数字性特征，数字技术驱动下的数字平台模块间的连接和组合不再受时空限制，模块的集成具有更强的无边界性，模块的接口以互联网实体接口和数据虚拟接口为特征，支持更多样化的功能扩展和个性化需求。遗憾的是，现有研究缺乏从平台源头性的组织结构模式的解构视角来探讨数字平台模块化的本质特征，未能深入解构平台在结构上的依赖性和功能上的互补性模式，难以理解平台企业演化发展的底层逻辑。

数字经济背景下，跨界搜索作为平台企业创新的重要驱动力，呈现出"新"的跨界行为，跨数字平台模块的跨界搜索行为在实践中广泛存在，然而，学界对数字平台企业的跨界搜索行为关注度不够。数字经济背景下，长尾市场个性化的满足倒逼平台企业进行创新，驱动平台企业基于模块化的数字平台不同层级的模块相互嵌套的结构，从需求端的抽象接口，逐步跨界深入到各层相应的功能模块，通过这种跨界搜索深度，使企业数字平台及时洞察市场需求并迅速提供匹配的优化创新方案，快速响应需求端。基于模块化的数字平台各层功能模块间的互赖关系开展广泛的跨界搜索，以获得各功能模块的异质性资源，驱动企业创新发展。由此可见，跨界搜索可能在数字平台模块化与平台企业创新关系间扮演着关键的角色，但这尚未引起学者们的广泛关注。深入解构数字平台模块化对平台创新的内在中介机制，有助于进一步明晰数字平台模块化与企业创新发展的关系。目前，学界在跨界搜索相关研究中，认为跨界搜索是企业在未知环境中，通过信息搜索帮助组织解决现有问题或发现新的成长机会的过程（付咸瑜和丁明鲜，2023；董杰和王士勇，2023）。在数字经济背景下，模块化的数字平台作为平台企业创新发展的重要驱动力，对企业跨模块边界的跨界搜索深度与跨界搜索广度进行深入研究，将跨界搜索行为置于"数字化"情境中，重新思考企业跨界搜索，可以打开数字平台企业创新的"黑箱"。

此外，有别于传统的科层组织，具有数字平台的平台企业以"数字性"的模块化优势，突破了时间和空间限制，降低了企业跨界搜索成本，连接着跨领域范围的利益相关方。数字平台模块化设计的多元化使平台企业组织呈现多样化的特征，导致跨界搜索过程中面临异质性风险，在无法使用科层式管理的情况下，如何对基于模块化的数字平台开展的跨界搜索行为中的异质性风险进行管理，从而使其服务于平台企业创新，对平台提出了更大的挑战，在此情境中，不可能存在“一刀切”的治理模式，需要设计适宜的平台治理机制有效应对跨界搜索中面临的风险。然而，现有研究主要围绕平台治理机制的结果效应展开，认为平台治理有助于提升平台企业的市场绩效（Hsien 和 Vergne，2023）、促进参与者之间的知识共享（Chen 等，2020），虽然在一定程度上探讨了平台治理对平台整体绩效的影响，但对于平台如何设计适宜的“相机而动”的治理机制仍知之甚少。

鉴于上述实践需求与理论缺口，本书聚焦的研究问题主要包括：数字经济背景下，数字平台模块化的本质特征是什么（What）？数字平台模块化对企业创新的内在作用机理是怎样的（Why－How）？在此过程中，数字平台治理机制在数字平台模块化作用于企业创新的过程中发挥着怎样的情景作用（Scene）？为此，首先，本书从实践出发，通过探索性多案例研究，提炼并明确数字平台模块化和跨界搜索在数字经济背景下的本质内涵及维度。基于实践案例的跨案例分析，构建数字平台模块化对平台企业创新的内在作用机理模型，分析数字平台治理机制的情景因素，确保数字平台模块化稳定发挥竞争优势；其次，通过理论推导，进一步分析数字平台模块化与企业创新、跨界搜索与企业创新、跨界搜索在数字平台模块化与企业创新间的关键作用以及数字平台治理机制的权变作用的逻辑关系，与实践形成对话，提出研究假设；最后，基于客观数据进行验证，得出结论。此外，本书在实证分析中发现数字平台模块化双维度对企业创新的差异化影响，继而依托解释性双案例对比式研究分析，在复证实证结论的同时，使理论研究与实践发展更为契合，为企业创新发展提供更翔实且具有针对性的政策建议。

（二）研究意义

本书为模块化理论提供了数字化的“新”应用场景，推动了模块化理论的发展。现有关于模块化的研究成果较为丰富，主要集中在产品模块化、组织模块化、生产流程模块化等模块种类与企业创新发展的研究方面（曹虹剑等，2016；张付英等，2019）。数字经济背景下，企业边界变得更加模糊，摩尔定律、梅特卡夫定律、网络效应等驱动企业创建注重连接和匹配的模块化数字平台以获得持续竞争优势，模块化理论因此焕发出新的活力。为此，本书提出了数字平台模块化的“数字性”特征：近似可分解性和规则设计明确性。近似可分解性更强调数据驱动的模块关系的解耦，模块间的连接和组合不再受地域和时间限制，平台具有更强的功能衍生性和扩展能力。模块接口界面规则设计更具动态性和灵活性，以互联网接口为载体的实体接口和以可编辑性数据为载体的虚拟接口可捕获用户需求，为创新提供超越时空的信息互动、自由交互的便捷。本书拓展了模块化理论及其应用情景，为后续数字经济繁荣发展背景下的模块化理论与数字平台的研究等提供了借鉴。

本书厘清了数字平台模块化与企业创新间的复杂关系。数字经济快速发展使创新活动突破了产业的边界，企业通过跨界搜索实现的创新正在成为数字经济背景下创新管理的新范式。平台企业基于模块化的数字平台突破时空限制释放网络效应向各模块渗透，通过基于模块接口和模块间互赖关系的跨界搜索，产生知识流动关系，实现了平台企业创新知识在广度和深度上的全面拓展，驱动平台企业创新迭代以响应需求端的用户反馈，满足长尾市场的个性需求。在此过程中，以“模块化的数字平台不同层级的模块相互嵌套，从需求端的‘抽象’接口，逐步跨界深入到各层相应的功能模块”的跨界搜索深度和“平台各层功能模块间广泛地建立多样化的关系网以获得异质性资源”的跨界搜索广度，成为数字平台模块化促进平台企业创新的关键机制。本书基于探索性案例分析和严谨的理论推导构建了“数字平台模块化—跨界搜索—企业创新”的理论模型，厘清了数字平台模块化与平台企业创新间的复杂关系，为平台企业基于模块化的数字平台实现可持续竞争优势提供了理论支持。

本书为平台企业可持续发展提供了“相机而动”的平台治理机制。现有关于平台治理机制的研究中，主要围绕平台治理机制能促进参与者对平台作出积极贡献的结果效应（Eisenmann 等，2006）和因约束平台参与者集体行动的目标而诱发了平台治理机制的前置因素（Thomas 和 Ritala，2022）两大方面展开，尽管在一定程度上探讨了平台治理机制对整体绩效的影响，但对平台如何设计适宜的治理机制仍知之甚少，缺乏针对异质性平台组织方面的治理机制研究。本书基于侧重近似可分解性和侧重规则设计明确性的异质性平台组织，其在跨界搜索过程中面临着多元化的、异质性的风险，为此提出了具有针对性的数字平台治理机制，创新性地为平台企业在实践发展中克服跨界风险提出了“相机而动”的治理机制。

数字经济的蓬勃发展重塑了企业的商业运营方式，数字技术深度嵌入企业的产品、服务、组织架构和商业模式中，孕育了数字平台，模块化是隐藏在数字平台发挥积极创新赋能作用背后的“钥匙”，基于模块化逻辑的数字平台能够促进平台企业跨界搜索与跨界资源融合，有力支撑平台企业快速提供高质量、多元化的数字创新。因此，本书探究数字平台模块化对平台企业创新的内在作用机理具有重要的实践意义，可为平台企业打造符合自身特征、具备竞争优势的模块化数字平台提供借鉴和参考。本书的实践意义主要体现在以下三个方面：

（1）本书对数字平台模块化中近似可分解性和规则设计明确性的“数字性”特征的研究，有利于平台企业注重数字平台的模块化设计，重视模块化的数字平台对平台创新所产生的积极影响。数字平台模块化的近似可分解性使平台各层分解为高内聚低耦合的模块集合，有助于各功能模块及时响应用户端需求，驱动企业开展适应性创新活动满足长尾市场的个性化需求；以接口界面的规则设计明确性精准匹配各功能模块，扩大平台企业可访问的创新资源库，驱动企业实现多元化和高质量的创新。本书通过探讨数字平台模块化的内涵和本质特征，能够帮助平台企业明确模块化对数字平台的关键作用，积极培育、建设符合自身发展需求的模块化数字平台，通过数字平台的模块化设计构建持续竞争优势。

（2）本书对跨界搜索作为数字平台模块化与平台企业创新关系间的关键作用机制的研究，有助于引导平台企业重视跨界搜索行为，提高平台企业创新效益。平台企业基于模块化的数字平台各层模块相互嵌套的结构性关系，从需求端逐步跨界深入到各层相应的功能模块，有助于企业快速开展创新以响应用户需求。而且，基于数字平台各层模块间的弱耦合互赖关系，有助于企业通过模块间广泛的跨界搜索获得各方异质性资源，丰富企业创新资源库，驱动企业创新发展。由此可见，平台企业基于模块化的数字平台，开展以模块为边界的跨界搜索行为，通过平台各层模块间的跨界搜索深度与同层模块间的跨界搜索广度，可驱动企业提供多元化和高质量的创新。本书对跨界搜索的关注，有助于强化企业模块化数字平台的优势，提高企业创新速度与质量，促进企业持续健康发展。

(3) 本书关于数字平台治理机制的研究，可强化平台企业优势构建的效果，为平台企业健康发展提供重要的实践指导和现实保障。数字平台模块化驱动跨界搜索行为以实现平台企业创新发展，但侧重不同维度的数字平台模块化设计，在进行跨界搜索时面临着异质性风险，进而影响平台企业的优势构建，为此，本书提出"分而治之"的数字平台治理机制。高近似可分解性赋予各功能模块更多的自主权，以促进各模块对用户需求以及平台技术更迭快速响应，但同时需要制定数字平台正式治理机制，从而对各模块战略及其价值活动形成方向引导。侧重规则设计明确性的模块化设计，以明确的规则设计吸引各利益方跨界集于平台的同时，需要通过数字平台非正式治理机制，激励各方形成价值共识，推动平台生态系统的良性发展。因此，平台企业需要设计适宜的数字平台治理机制，强化平台企业创新的效率和效果。

第二节　研究内容与研究方法

(一) 研究内容

基于已有研究，首先，本书通过探索性案例研究挖掘了数字平台模块化的本质内涵和特征维度，并明晰了跨界搜索在数字化背景下的实践表现与维度划分；其次，通过跨案例分析初步确定了数字平台模块化、跨界搜索、企业创新和数字平台治理机制间的关系并构建了理论模型，进一步通过理论推导，深化对核心变量间关系的理解并提出具体研究假设；最后，开展实证研究得到相应结论，通过剖析数据进一步探讨了数字平台模块化对创新的差异化影响，并通过解释性案例研究的双案例对比分析对其进行了验证。具体研究内容如下：

(1) 剖析了数字平台模块化与企业创新间的直接关系。模块化的数字平台作为数字平台经济的关键载体，以其赋能作用激发平台企业创新活力，模块化理论在数字经济背景下焕发出新的活力。本书通过探索性案例研究提炼出数字平台模块化“数字性”的近似可分解性和规则设计明确性双重维度。进一步通过对案例数据进行编码与提炼发现，数字平台模块化的近似可分解性将平台各层系统分解为高内聚低耦合的模块集合，有助于各功能模块及时响应用户端需求，驱动企业开展适应性创新活动以满足长尾市场的个性化需求；以接口界面的规则设计明确性精准匹配各功能模块，扩大平台企业可访问的创新资源库，驱动企业实现多元化和高质量的创新。

（2）研究了跨界搜索在数字平台模块化与企业创新间的中介作用，打开了数字平台模块化与企业创新间复杂关系的“黑箱”。首先，本书通过探索性案例分析提炼出核心范畴之一即跨界搜索，结合其现有相关理论与实践探索，明确了跨界搜索在数字化背景下的实践表现及其维度即跨界搜索广度和跨界搜索深度；其中，跨界搜索深度体现为数字平台不同层级的模块相互嵌套，从需求端的用户需求出发，自上而下逐步深入平台各层相应的功能模块中，即跨多层相应模块间的搜索行为是跨界搜索深度；平台每层功能模块间的跨模块搜索行为为跨界搜索广度。模块化的数字平台为跨界搜索行为提供了“活动平台”和“搜索渠道”，激发跨界搜索行为以驱动平台企业创新发展。其次，基于案例分析发现了数字平台模块化、跨界搜索和企业创新三者间的关系，并通过理论推导进一步深化了数字平台模块化、跨界搜索与平台企业创新间的关系，实现了“实践变量”的理论升华，依此提出具体研究假设。最后，基于客观的数据对跨界搜索的中介作用展开实证分析检验。

（3）探讨了数字平台治理机制在跨界搜索与企业创新关系间的调节作用。

本书基于客观数据的实证分析发现，模块化设计理念侧重于数字平台模块化的不同维度，在跨界搜索过程中面临着异质性风险，企业数字平台的高近似可分解性要求在赋予各功能模块更多自主权的同时，谨慎制定集中权力的正式治理规则，以引导模块战略与价值活动。在侧重规则设计明确性的模块化设计中，应引导各模块跨界行为，并通过平台非正式治理机制激励形成共识，推动平台企业健康发展。因此，本书根据不同的跨界搜索存在的风险，提出了适宜的、具有针对性的数字平台治理机制。

（4）验证了数字平台模块化侧重不同维度对创新的差异化影响。本书针对实证数据，深入挖掘了数字平台模块化与企业创新的直接关系以及中介路径的量化数据，发现数字平台模块化不同维度对企业创新具有差异化影响。其中，数字平台模块化中的近似可分解性更倾向于通过跨界搜索深度实现创新速度的提升，而规则设计明确性更侧重通过跨界搜索广度提高创新质量。为此，本书选择了侧重数字平台模块化设计不同维度的两大典型案例，即 Android 系统和 iOS 系统两大移动操作系统平台进行解释性案例研究，验证了实证结论部分“进一步讨论”中的结论。以此为企业根据自身数字平台特点展开模块化设计提供理论指导，并为企业实现针对性创新提供理论参考，也使本书与实践契合以提出更为“落地”的政策建议。

（二）研究方法

1. 文献分析方法

首先，本书通过丰富的中外文电子数据库（包括中国知网 CNKI 数据库、Web of Science 数据库、Google Scholar 数据库、百度学术数据库等），广泛检索以“数字平台”“模块化”“创新”“跨界搜索”等为关键词的中外文文献，评估和筛选与本书主题相关的文献资料；其次，系统梳理筛选出的文献，掌握国内外数字平台模块化、跨界搜索、创新质量、创新数量、数字平台治理机制等领域的研究动态及相关理论，包括概念内涵、测量维度、变量的“前因后果”等方面，为形成清晰的思路逻辑线条提供支持，并为构建符合理论且有益实践的理论模型提供厚实的理论支撑；再次，挖掘现有研究理论缺口与研究突破点；最后，结合研究问题，明晰各变量概念及其构成维度，全面阐释变量间可能存在的关系，并据此形成相应的研究假设，进而构建本书的理论模型。

2. 访谈与问卷调查法

问卷的设计具有科学性、可操作性、客观性、有效性和可信性等特点。本书在设计问卷时，主要参考已有的成熟量表，通过对本领域相关的专家进行访谈的方式获取题项的设计。为了确保设计的问卷量表具有科学性和可靠性，本书采用了多种修订和完善的方式。初步修订阶段采用了征求课题导师意见以及与硕（博）士研究人员讨论等方式；随后，通过对企业的线上访谈和实地考察，实施了二轮补充修正和完善，并最终形成了正式问卷量表。在数据采集方面，本书主要分为预调研和正式调研两个流程，通过问卷调查获取实证检验和分析的数据。预调研主要目的在于通过有限的小范围数据收集，评估量表的信度和效度。正式调研则是在预调研的基础上，通过多元途径收集问卷数据，进而开展实证检验。

3. 统计分析法

本书主要借助SPSS软件和AMOS软件分析数据，运用了结构方程模型和层次回归分析两种数理分析方法。具体地，对收集到的一手问卷数据进行清洗整理，对数据展开描述性统计分析，初步了解数据的基本特征，为后续分析提供依据；通过正态检验，确保样本的描述和推论统计分析的可靠性；基于无回应偏差检验，检测回答调查问卷时未能给出有效回答所引起的数据偏差，确保所得数据结果具有代表性和稳定性。进行共同方法偏差检验，排除同一评价者、测量环境和背景等因素干扰造成的误差，确保数据结果的真实性和可信度。层次回归分析、结构方程模型和Bootstrap检验法主要用于检验分析变量之间的关系。

4. 案例研究法

本书采用了探索性案例研究和解释性案例研究。其中，在确定变量维度和变量间逻辑关系时，采用了探索性案例研究。探索性案例研究是一种深入了解和探索较少被研究现象的研究方法，旨在通过详细描述和分析个案以揭示因果关系、模式和特征。探索性案例研究的内容主要包括：明确问题和目标以指导数据收集和分析；选择具有代表性和独特性的单个或多个案例进行研究，考虑研究目的和现象特点；采用访谈、观察、文件资料分析等方法收集相关数据，目的是获取丰富信息和细节，深入分析案例；整理、归纳和分析数据；运用编码、译码等技术，发现案例共性、差异和重要因素；撰写研究报告或论文，描述案例背景、过程、结果，并提出研究发现和理论性解释。

同时，本书为复证数字平台模块化对企业创新的差异化影响，采用了解释性案例研究，通过对多个案例进行系统性的收集、分析和解释，以揭示现象背后的原因、机制和模式。该方法注重从实际情境中获得丰富的数据，包括采访、观察、文献研究等手段，以建立一个全面而多维的研究框架。解释性案例研究的一个重要优势是能够凸显案例间的差异性和共性。通过比较不同案例的特征和结果，可以发现普遍的模式、趋势或规律，并从中提取理论观点和洞见。

第三节　研究思路与技术路线

（一）研究思路

本书按照"研究基础→模型构建→假设提出→实证检验→差异化影响的验证性分析→研究结论"的逻辑逐步开展。第一，在理论分析部分，首先，对研究背景进行了详尽分析，以实践困境为主导，明确了本书的研究问题，并进一步指出研究的理论与实践意义。其次，基于研究问题对数字平台模块化、跨界搜索、创新质量、创新速度、数字平台治理机制的相关文献进行了系统分析与研究述评，并详尽阐释了研究相关的理论基础，为后续理论模型的构建提供了坚实的理论依据。第二，在模型构建部分，基于前文理论基础，围绕研究问题和研究目的，通过探索性多案例分析，进一步明确了相关变量的内涵及其构成维度，以及变量间存在的理论逻辑关系，从而提出了理论模型及相应研究假设。第三，在实证研究部分，基于理论模型设计调查问卷、检验研究假设并开展稳健性检验，得到了实证研究结论并对其展开深入探讨，进而汇总研究结论，回应假设的成立与否。第四，通过解释性案例研究，验证了实证研究部分"数字平台模块化对企业创新的差异化影响"，进一步加深对实证研究结论的理解和解释，并为实践应用提供决策参考。第五，在研究结论与展望部分，对前述各部分的内容与结论进行汇总，据此得到相应的管理启示并指明未来的研究方向。

（二）技术路线

遵循上述研究逻辑，本书的技术路线如图 1－1 所示。

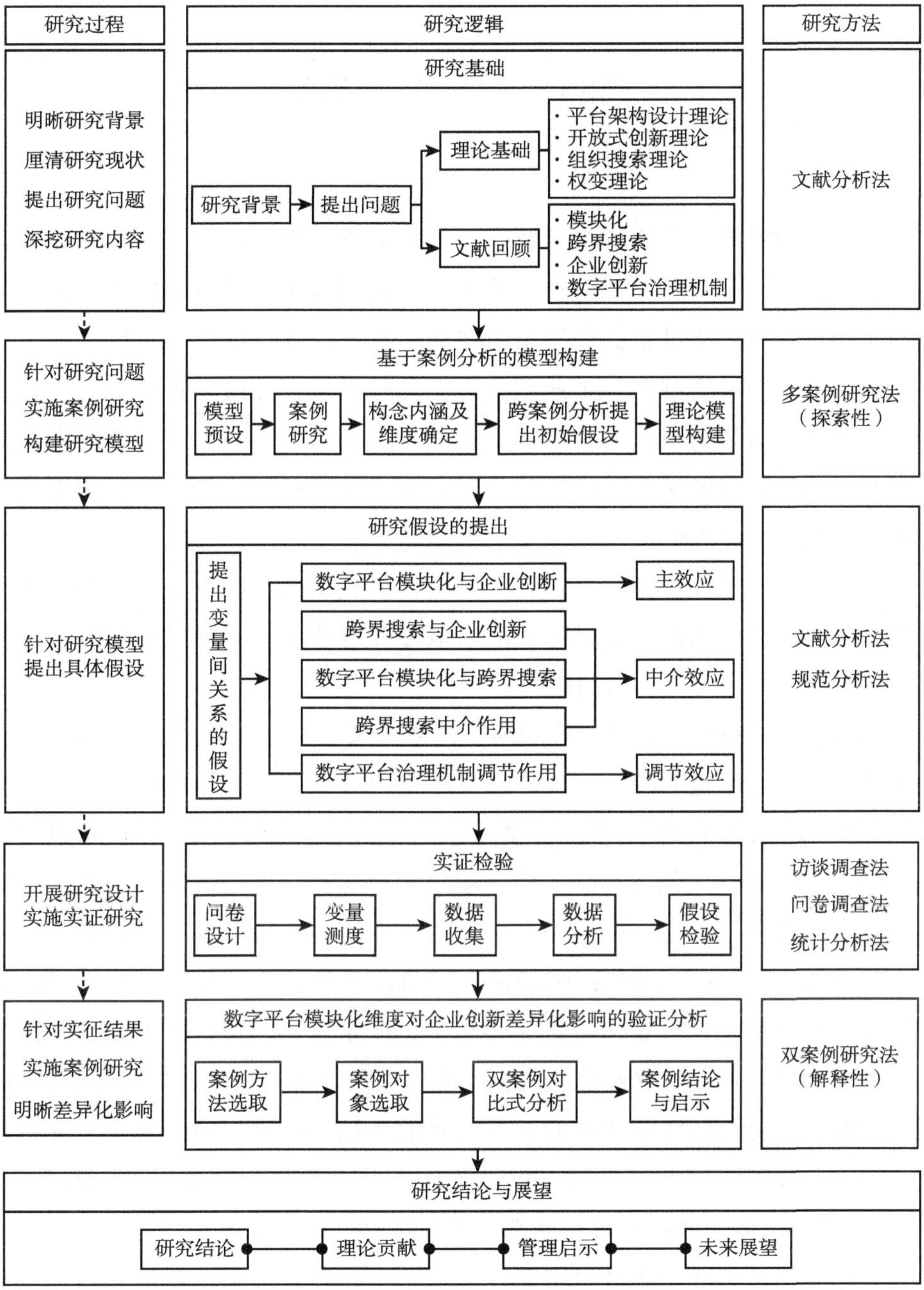
研究过程
研究逻辑
研究方法
明晰研究背景
厘清研究现状
提出研究问题
深挖研究内容
研究基础
研究背景
提出问题
理论基础
文献回顾
· 平台架构设计理论
· 开放式创新理论
· 组织搜索理论
· 权变理论
· 模块化
· 跨界搜索
· 企业创新
· 数字平台治理机制
文献分析法
针对研究问题
实施案例研究
构建研究模型
基于案例分析的模型构建
模型预设
案例研究
构念内涵及维度确定
跨案例分析提出初始假设
理论模型构建
多案例研究法（探索性）
针对研究模型
提出具体假设
研究假设的提出
提出变量间关系的假设
数字平台模块化与企业创断
跨界搜索与企业创新
数字平台模块化与跨界搜索
跨界搜索中介作用
数字平台治理机制调节作用
主效应
中介效应
调节效应
文献分析法
规范分析法
开展研究设计
实施实证研究
实证检验
问卷设计
变量测度
数据收集
数据分析
假设检验
访谈调查法
问卷调查法
统计分析法
针对实征结果
实施案例研究
明晰差异化影响
数字平台模块化维度对企业创新差异化影响的验证分析
案例方法选取
案例对象选取
双案例对比式分析
案例结论与启示
双案例研究法（解释性）
研究结论与展望
研究结论
理论贡献
管理启示
未来展望

图 1-1　本书的技术路线

第四节　主要创新点

本书以数字经济背景下企业数字平台模块化呈现的新内涵、新特征为切入点，首次刻画了数字平台模块化的模块界面和模块互赖双重特征；深入剖析了数字平台模块化对企业创新的内在作用机理；进一步探讨了数字平台模块化侧重不同的维度对平台企业创新的差异化影响，进而为企业如何对自身数字平台进行适当模块化设计以实现创新发展提供选择；进一步，提出了数字平台治理机制以确保跨界搜索活动的合规性和稳定性。本书的创新之处主要体现在以下三个方面：

第一，解释了数字经济背景下数字平台模块化的新内涵，提出了数字平台模块化有别于传统物理层面的数字近似可分解性和数字规则设计明确性特征，拓宽了模块化理论的适用边界。

通过梳理以往研究发现，传统模块化理论依托于产品物理层面的模块化，也有聚焦于企业组织的模块化，传统模块化的近似可分解性简化了产品架构或组织架构，各模块必须严格遵循完备的、事先设定的、静态的规则设计（高若阳，2010），以保持产品或服务输出的稳定性，通过模块化实现内部资源的共享共用来获取范围经济，产品架构组件的连接和可替换性提高了产品的多样性等（Tiwana，2008；张任之，2022；龙勇和汪谷腾，2018）。然而，数字经济背景下，企业边界变得更加模糊，摩尔定律、梅特卡夫定律、网络效应等驱动企业创建注重连接和匹配的模块化数字平台以获得持续竞争优势，近似可分解性更强调数据驱动的模块关系的解耦，模块间的连接和组合不再受地域和时间限制，使平台具有更强的功能衍生性和扩展能力（金姝彤等，2021）。数字平台模块接口界面规则设计更具动态性和灵活性，有别于传统模块化预先定义的标准和接口规则而难以快速调整适应市场变化的局限，其更注重开放性和互操作性，以互联网接口为载体的实体接口和以可编辑性数据为载体的虚拟接口可捕获用户需求，为数字经济下的创新提供超越时空的自由交互渠道。因此，本书开展了数字平台模块化的“数字性”内涵和维度特征的探索，响应了学界提出的传统理论与更多的时代背景进行结合的研究倡导（焦豪，2021），拓展了数字经济背景下模块化理论的应用情境，满足了数字平台模块化竞争优势获取的现实诉求。

第二，构建了数字平台模块化对平台企业创新的作用机理模型，提出了大数据背景下平台界面和模块以及模块之间跨界搜索的中介作用，为数字平台的创新实践提供了有据可循的指导思路。

目前，学界对跨界搜索的研究主要聚焦于企业的跨界搜索行为带来的结果效应（Collins 和 Smith，2006；Hawkins 和 Rezadade，2012；宋岩和续莹，2023；解晓晴等，2023），并未将跨界搜索行为置于数字化情境中展开研究，缺乏对数字经济背景下跨界搜索的前置“驱动力”展开深入探究。数字化平台构建的模块体系，存在平台与模块迭代升级和平稳运行的悖论，而用户需求端提供的大数据对数字平台模块化战略提出了更高的要求。数字平台经济背景下，缺乏对跨界搜索前置驱动因素的研究，即并未将跨界搜索置于合理的数字平台情景下进行更符合实践行为的研究。大数据背景下，长尾市场带来的消费者偏好以及用户引流带来的大数据效应，为平台竞争优势的提升带来了挑战，平台企业战略重心需要关注需求端用户带来的诉求。在此过程中，平台企业基于模块化的数字平台，突破时空限制通过网络效应向各模块渗透（余东华和马路萌，2024），通过以“模块化的数字平台不同层级的模块相互嵌套，从需求端的抽象接口，逐步跨界深入到各层相应的功能模块”的跨界搜索深度和以“平台每层功能模块间弱耦合的互赖关系获得异质性资源”的跨界搜索广度，驱动平台企业创新迭代以响应需求端的用户反馈。因此，有必要进一步考察数字平台模块化与跨界搜索的关联关系，尤其是跨界搜索过程中模块接口的契合性、适配性以及模块间的互赖性所产生的知识流动，进而从结构和关系层面分析数字平台模块化对平台企业创新的内在作用机理。

为此，本书基于探索性案例研究，进一步关注平台企业跨模块边界的跨界搜索行为，构建了“数字平台模块化—跨界搜索—企业创新”的理论模型，从结构嵌入理论解析跨界搜索深度，从关系嵌入层面解析跨界搜索广度，全面打开了数字平台模块化对企业创新作用机理中的内在“黑箱”。

第三，针对数字平台模块化趋于集中还是趋于分散的差异化特征现实，本书进一步为平台企业提出了“相机而动”的治理机制。

现有研究主要围绕平台治理机制能促进参与者对平台作出积极贡献的结果效应（Eisenmann 等，2006；Chen 等，2020），探究了平台治理机制对平台整体绩效的影响（Thomas 和 Ritala，2022），对于平台企业如何设计“相机而动”的治理机制挖掘不足（韩炜和唐洁，2023）。例如，iOS 和 Android 属于高度集中和高度分散的两类极端案例，本书发现侧重近似可分解性和侧重规则设计明确性在跨界搜索过程中面临异质性风险，当企业的数字平台表现出高近似可分解性时，尽管平台企业赋予各功能模块更多的自主权和创新自由度，但在跨各层模块的深度搜索过程中，可能会出现数据篡改或丢失的情况，导致信息的完整性受到威胁，需要通过建立数据校验和验证机制等正式治理机制，确保数据的完整性和可靠性；当平台表现出侧重规则设计明确性的模块化设计时，更有利于驱动平台每层系统模块间的跨界搜索广度，但同时可能面临着模块间互赖关系导致的资源竞争等问题，需要通过沟通协作与资源调配等数字平台非正式治理机制进行风险治理，推动平台企业的良性发展。为此，本书进一步通过数字平台模块化侧重近似可分解性设计和侧重规则设计明确性设计，分别聚焦于正式数字化契约治理模式和非正式社群治理模式。

第二章　文献回顾和相关理论基础

第一节　文献回顾

（一）模块化相关研究

1. 模块化概念界定

学界关于模块化的概念主要从两个视角进行界定：①基于原理的视角。Siomn（1962）在复杂性系统理论研究中提出了近似可分解性的概念，复杂性系统可以通过将其分解成更小的子系统来进行研究和理解。这种分解过程基于一个重要假设，即系统的各个子系统之间的相互作用相对较弱，因此可以近似地将系统看作由独立的子系统组成的。延续这一观点，青木昌彦将“模块”定义为半自律的子系统，而“模块化”则指若干模块能够按照某种规则进行整合和分解（青木昌彦，2003；沈玉燕，2015）。模块化概念初步形成，即“半自律的子系统”和“某种规则”。②基于策略的视角。将“模块化”视为一种组织和管理的方法，通过将复杂的系统分解为相对独立且可重复使用的模块，不仅可以实现资源的高效利用和灵活性的提升，而且能够降低信息处理与传递的成本。

2. 模块化的维度划分研究

在厘清模块化基本概念的基础上，学界逐步展开了关于模块化维度的具体研究，并取得了较为丰富的研究成果。其中，较为典型的研究有，Baldwin

(2000) 基于组织层面提出模块化是一种组织结构设计策略，旨在实现松散灵活的组织结构。根据该策略，将模块化规则引入组织内部，子模块可以在遵循系统规则和控制要求的前提下，实现充分的自治与相对独立的运转。此后，随着信息技术的发展和全球化的影响，大规模定制逐渐成为一个重要的商业趋势，模块化优势引起广泛关注。国内学者高若阳（2010）对模块化进行了深入研究，认为系统的模块化程度由两个因素决定即系统内的近似可分解性和明确化的模块间界面，前者是复杂系统的一种内在结构属性，用于描述系统中子系统内外固有关系的分布情况，反映了系统内子系统相互关联的程度；后者是人为设计，通过明确规定子系统间的相互作用关系，实现了有条件的独立并行。鉴于国内外模块化特征丰富的研究成果，本书将模块化程度的决定因素，即模块化特征维度划分的相关代表性研究汇总如表 2-1 所示。

表 2-1　模块化维度划分的相关研究

模块化程度	代表学者（年份）
模块化分解、模块化集中	青木昌彦和安藤晴彦（2003）
设计规则、近似可分解性	Baldwin 和 Clark（2008）；Sanchez 和 Mahoney（1996）；高若阳（2010）；金姝彤等（2021）
制度设计、结构构建	郝斌和 Anne-Marie Guerin（2011）
分工程度、组织独立程度	齐羽（2013）
模块化分工、模块化协同	曹虹剑等（2015）
模块解构、模块重组	李鸿磊（2019）
模块化集结、模块化解构	苏郁锋和徐劲飞（2021）
分工性、独立性、响应性	王海军等（2021）

资料来源：笔者根据文献整理得到。

3. 模块化的相关研究内容

本书从模块化的影响和模块化的前置因素这两大层次展开梳理相关研究。目前关于模块化的影响研究主要包括以下五个方面：第一，聚焦产品模块化，其通过影响企业的敏捷制造（Vickery，2015）、竞争能力（Lau，2007）、战略柔性（谢卫红等，2014）等影响着企业绩效与技术创新；第二，在组织模块化方面，研究其影响企业的组织敏捷性和大数据分析能力（王鹏程等，2021）、技术创新能力（王海军等，2021）等对创新等方面的影响；第三，生产系统模块化方面，探讨了其对生产系统绩效等产生的影响（Tiwana，2008）；第四，模块化对价值创造的影响（张任之，2022；杨瑾和王雪娇，2019；龙勇和汪谷腾，2018）；第五，平台模块化对企业合作创新和客制化创业支持（王凤彬，2019）的影响。模块化的优势发挥（影响）的研究取得了丰富的研究成果，作者系统梳理了国内外关于模块化的影响研究，具体汇总如表2－2所示。

表2－2　管理学领域模块化影响的代表性研究

模块化	中介/调节	因变量	作者（年份）
产品模块化	敏捷制造	组织绩效	Vickery（2015）
	竞争能力	新产品绩效	Lau（2007）
	战略柔性	技术创新	谢卫红等（2014）
组织模块化	组织敏捷性/大数据分析能力	价值创新	王鹏程等（2021）
	技术创新能力	组织创新	王海军等（2021）
	产业标准	全要素生产率	曹剑虹等（2016）
	产品特性	价值创新	郝斌等（2011）
	动态能力	组织适应性	高若阳（2010）
生产系统模块化	—	生产系统绩效	Tiwana（2008）
模块化	—	价值链转型	张任之（2022）
	知识流动	（集群企业）创新绩效	杨瑾和王雪娇（2019）
	知识共享	创新绩效	龙勇和汪谷腾（2018）
平台模块化	通用性/兼容性/扩展性机制	颠覆性创新	金姝彤等（2021）
	—	颠覆性创新	王海军和金姝彤（2020）
	超模块化	客制化创业支持	王凤彬（2019）
	开放平台资源	协同创新	王海军等（2020）

资料来源：笔者根据文献整理得到。

在关于模块化前置因素的研究中，主要包括：知识管理视角下，以服务模块的自律性与界面标准化为中介，研究知识黏性对知识转移绩效的作用机理（李柏洲等，2013）；动态能力视角下，通过提升产品模块化水平，进一步提高企业的竞争力（杨瑾等，2017）；供应链协作视角下，供应商协作、客户协作有助于实现产品模块化（陈凌峰等，2018）；数字化技术重塑客户在价值创造中的地位并改变其需求，降低成员的交互成本与创新门槛，驱动枢纽企业模块化产品架构与模块化组织架构的变革（郑帅等，2022）。

4. 数字经济背景下的模块化理论

数字经济的繁荣发展使模块化理论在数字经济背景下呈现出新的特征，数字技术更新换代速度加快带来的创新和竞争压力迫使企业采用灵活的专业化生产和可以重新编程的数字平台系统（Gawer，2014），构建数字技术赋能的、可扩展的、灵活的模块化数字平台。模块化的数字平台强调基于数据驱动的模块关系的解耦，模块间的连接和组合不再受地域和时间限制（余东华和马路萌，2024），具有更强的功能衍生性和扩展能力，支持多样化的功能扩展和个性化定制需求。而且，不同于传统模块化研究中事先设定并严格遵循的接口规则设计，通过模块化可以实现内部资源的跨期范围经济、产品架构组件的连接和替换以及产品的多样性等。数字经济背景下，接口、界面的规则设计更注重开放性和互操作性，以互联网接口为载体的实体接口和以可编辑性数据为载体的虚拟接口可捕获市场需求，为创新提供超越时空的信息互动、自由交互的便捷，敏捷响应长尾市场下用户个性化需求（金姝彤等，2021）。为此，本书系统梳理了传统模块化与数字平台模块化在基础技术、接口和界面的规则设计、近似可分解性、创新结果表现方面的区别，具体如表2－3所示。

表2－3　　数字经济与传统工业经济背景下的模块化理论

模块化研究	基础技术	接口和界面的规则设计	近似可分解性	创新结果表现	代表性学者（年份）
数字经济背景	建立于数字化技术的分层模块化架构基础	具有动态性、开放性，允许用户参与，基于编程接口API和微服务架构等	强调基于数据驱动的模块关系的解耦，模块间的连接和组合不再受地域和时间限制，具有更强的功能衍生性和扩展能力	具有更高灵活性和创新性，产品和服务等个性化定制，快速响应市场需求	Gawer（2014）；王海军和金姝彤（2020）；余东华和马路萌（2024）；焦豪（2023）
工业经济背景	建立于物理产品或传统产业的技术基础	相对静态、固定，需事先集中构思、制定公布，并形成权威以遵守	强调物理属性即模块之间的相对独立性、可替换性及简化生产流程，实现降本增效	具有一定生产效率但灵活性和创新性相对较低	张钢和薄秋实（2009）；高若阳（2010）；Srikanth和Puranam（2011）；曹虹剑等（2016）

资料来源：笔者根据文献整理得到。

5. 与数字平台模块化相关的概念界定及研究现状

随着数字平台经济的深度发展，数字平台模块化引起了学者们的广泛关注，并展开了一系列与“数字化、平台化和模块化”相关的概念研究。其中，Tiwana 等（2010）认为平台架构是一种可扩展的代码库，能够对不同的应用程序进行组织和管理。平台架构的模块化可以使企业更有效地管理其应用程序，并提高其灵活性和可重用性。而且，平台模块化通过独立功能模块的高内聚特性和灵活组合，弥补了传统集成平台复杂性和难协同的缺点，实现了系统功能的定制化配置而不损失整体功能。此外，模块间基于标准化接口形成松散耦合的网络效应（杨瑾和王雪娇，2019）。金姝彤等（2021）认为模块化的数字平台是依托于模块化逻辑构建的数字信息系统，核心要素包括分层平台架构、核心功能模块和明确的模块接口。模块化的数字平台是实现配置多元化、产品和服务个性化的载体，也是连接用户和互补方、构建双边市场乃至创新生态系统的纽带（王海军和金姝彤，2020）。本书以数字平台企业为研究主体，探讨数字平台模块化对其创新发展的影响，这与 Tiwana 等（2010）的研究主体外延一致，同时，结合郑帅和王海军（2021）、金姝彤等（2021）研究，平台企业的数字平台模块化设计体现在平台技术架构、业务流程和组织体系等多个维度，模块化的数字平台更具灵活性和可扩展性，能够更有效地管理和组织各种应用程序和服务。结合现有关于数字平台模块化相关研究，本书初步将数字平台模块化定义为：“数字平台模块化是指将整个平台各层系统划分为具有高内聚性和弱耦合关系的功能模块，模块接口以互联网实体接口和数据虚拟接口为特征，模块间的连接和组合不受地域和时间限制，使平台具有更强的功能衍生性和扩展能力，进而支持多样化的功能扩展和用户个性化定制需求。”

数字平台作为数字经济发展的关键载体和企业数字化转型的关键抓手，以赋能作用持续激发企业创新活力。模块化作为隐藏在数字平台发挥积极赋能作用背后的那把钥匙（金姝彤等，2021），平台企业应该如何对数字平台进行模块化设计？数字平台模块化如何赋能平台企业创新发展的研究兼具时代意义和理论意义。目前，学界关于“数字化 + 平台化 + 模块化”的相关研究不断升温。研究聚焦于以王海军、金姝彤等学者为代表，开展了模块化的数字平台对企业颠覆性创新的作用机理的质性研究，研究主体聚焦于平台互补企业（王海军等，2021）。数字平台企业作为平台网络中的协调者和编排者（梅景瑶等，2021），如何通过其平台架构的模块化设计释放网络效应（徐岸峰等，2023），配置企业内外资源，实现平台企业的价值创造和创新发展的研究，存在一定的理论盲区。鉴于此，本书以数字平台企业为研究主体，剖析数字平台模块化的特征，解密数字平台模块化有力支撑平台企业实现高质量、多元化的产品和服务创新的内在机理，进而为企业打造符合自身特征且具备竞争优势的模块化数字平台。

（二）创新速度相关研究

1. 创新速度的概念界定

国外研究基于"相对速度"的思想，认为提升创新速度有利于竞争优势的获取，将创新速度定义为创新从概念产生到推向市场所用的时间，并将这一定义广泛地运用到相关研究中。Kessler 和 Bierly（1996）将创新速度定义为"加速从最初的概念到最终产品的活动，包括整个产品开发过程中的活动"。对此，国内一部分研究与"相对速度"理论内核一致，将创新速度作为企业创新能力的重要表现之一，将其定义为从创新概念和定义的产生，到最终创新产品和服务导入市场实现商业化之间的时间间隔（蔡瑞林等，2014；古继宝等，2017）。另一部分研究聚焦于"绝对速度"（吴爱华和苏敬勤，2012）。俞立平等（2018）进行了高技术产业创新速度与效益的互动机制研究，将创新速度界定为企业创新的快慢程度；同样地，以"绝对速度"为内核，学者们将新产品研发所用时间（奉小斌等，2021）、新产品构思时间（王树斌等，2021；陈晓红等，2022）等作为创新速度界定标准。

可见，国内外关于创新速度的研究主要基于"相对速度"和"绝对速度"两种概念对创新速度的定义进行界定，具体汇总如表 2－4 所示。本书中数字平台模块化促进企业的创新速度，本质上指的是对市场或消费者需求等的快速响应，而进行创新活动。本书结合国外研究与国内部分研究对创新速度中“相对速度”的界定，将其定义为企业响应市场需求的创新概念，从开发到投入市场所用的时间。

表 2-4　　国内外与创新速度界定相关的研究

创新速度的界定	作者（年份）
将新产品引入市场所经过的时间 （从最初开发到最终商业化所经过的时间）	Mansfield（1988）
从创意产生到市场发布总项目时间，以月和年为单位	Ali 等（1995）
加速从最初的概念到最终产品的速度，包括整个产品开发过程中的活动	Kessler 和 Chakrabarti（1996）；Kessler 和 Bierly（1996）
从创意到市场推广的时间	Langerak 和 Hultink（2006）
企业在创新和新产品商业化方面所表现出的进步的速度（描述了企业在加速新产品开发过程中发生的活动和任务的能力）	Carbonell（2010）
创新的时间，以时间效果、效率衡量	吴爱华和苏敬勤（2012）
新产品从研发到推向市场的间隔时间	蔡瑞林等（2014）；古继宝等（2017）
企业创新的快慢程度	俞立平等（2018）
新产品研发（构思）的时间	王树斌等（2021）；陈晓红等（2022）

资料来源：笔者根据文献整理得到。

2. 创新速度的研究层面

在 VUCA 市场环境下，创新速度是企业获取可持续竞争优势的重要来源与战略。本书通过对现有国内外相关研究成果的梳理归类发现，创新速度的影响研究主要包括以下五大方面，具体汇总如表 2-5 所示。

表 2-5　　管理领域关于创新速度影响因素的研究汇总与归类

研究方向	主要观点（前置因素）	代表性学者（年份）
知识管理	知识共享	Kessler 和 Chakrabarti（1996）；王娟茹和罗岭（2015）；闫佳祺和罗瑾琏（2018）；申静和耿瑞利（2020）；Shi X 等（2020）；奉小斌和马晓书（2021）
	知识搜索	
企业竞争战略	战略范围、规则	Gupta 等（1992）；宋浩亮（2010）；莫长炜（2011）；蔡瑞林等（2014）
	成本领先战略	
	低成本竞争战略、差异化战略	

续表

研究方向	主要观点（前置因素）	代表性学者（年份）
企业家精神	企业家导向	Necmi 和 Warren（1993）；Kessler 和 Chakrabarti（1996）；孙卫等（2010）；吴爱华和苏敬勤（2012）；马永红等（2014）；单鹏和裴佳音（2018）；张海丽等（2021）
	变革型领导风格	
组织规模与结构	组织结构	Carbonell 和 Rodriguez（2006）；Taylor 和 Greve（2006）；兰斓（2011）；俞立平等（2018）；孙博等（2021）
	产业/企业规模	
其他	技术设计	王小博等（2021）；冷松等（2022）；俞立平和万晓云（2022）
	创新政策（政企）	
情景设置：市场动态性、企业/技术吸收能力、关系/结构强度、政策力度、竞争强度、环境/技术不确定性		

资料来源：笔者根据文献整理得到。

第一，基于知识管理层面，学者们不仅探讨了知识共享行为对创新速度的间接作用（申静和耿瑞利，2020）和直接影响（王娟茹和罗岭，2015；闫佳祺和罗瑾琏，2018）。而且探讨了知识搜索维度与企业创新间的线性和非线性关系（奉小斌和马晓书，2021；Kessler 和 Chakrabarti，1996；Shi X 等，2020）。第二，基于企业竞争战略，讨论了战略导向双维度分别对技术创新绝对速度与相对速度的影响（宋浩亮，2010）；基于成本领先战略，研究了成本领先战略对企业产品创新速度的影响（Gupta 等，1992；莫长炜，2011；蔡瑞林等，2014）。第三，基于企业家精神（领导行为）方面对创新速度的影响研究，指出高水平的企业家导向能够加速团队的创新（马永远等，2014；单鹏和裴佳音，2018），并探讨了团队领导的关怀度等方面对创新速度的影响（孙卫等，2010；Kessler 和 Chakrabarti，1996；Necmi 和 Warren，1993；吴爱华和苏敬勤，2012；张海丽等，2021）。第四，探究组织规模与结构层面对创新速度的影响。组织规模层面，探究了技术创新速度在大中小企业规模中的表现（Carbonell 和 Rodriguez，2006；兰斓，2011；俞立平等，2018）；组织结构层面，研究了组织结构对创新速度的影响（Taylor 和 Greve，2006；孙博等，2021）。第五，其他，探究了创新政策、技术设计等对企业创新速度的影响（王小博等，2021；冷松等，2022；俞立平和万晓云，2022）。

此外，在创新速度影响研究的汇总与梳理过程中发现，关于前置因素对创新速度作用过程的研究中，通常设置市场动态性和企业吸收能力（陈晓红等，2022）、关系/结构强度（奉小斌等，2021）、政策力度（冷松等，2022）、（技术）吸收能力和竞争强度（孙博等，2021；王树斌等，2021）、环境/技术不确定性（马永红等，2014；吴爱华等，2012）等情景变量，进而对企业创新速度展开差异化、情景化、合理化的研究。

综上所述，创新速度已得到了广泛的研究和探讨，拥有相对完善的理论框架和评估体系。在当今竞争激烈的商业环境中，企业需要不断推出新产品、新技术以及新服务来保持竞争力。创新速度已成为评估企业创新的重要标志。因此，本书将创新速度作为企业创新的衡量指标之一具有坚实的理论依据，能够合理呈现和把握数字平台模块化的本质属性对企业创新的内在作用机理。

（三）创新质量相关研究

1. 创新质量的概念界定

目前，学界关于创新质量的定义一般包含两个维度：广义维度的创新质量涵盖了企业整体创新活动的质量水平（Chin，2021），是企业创新能力、绩效、效率等的集中体现，是衡量和评判企业创新产出水平的质量标准（Duan等，2021）。Haner（2002）在对创新质量概念框架的构建研究中，认为创新质量的定义涵盖多个关键变量，包括数量、性能、有效性、可靠性、时间、成本、对客户的价值、创新程度复杂性等方面，这些变量共同构成对创新质量的全面评估，反映了创新活动所带来的不同维度的影响和效果（杨立国等，2007）。多数学者在研究中延续了 Haner 对创新质量的本质界定，认同创新质量所涵盖的内容包括创新活动的成果、效果和质量以及创新过程中的关键要素和要求（马永红等，2014；孙兆刚，2015；袁航等，2019；姜博等，2019）。狭义维度的创新质量作为一个评估指标，既关注了创新活动所产生的产品和服务的质量水平，又突出了对于顾客需求和市场要求的满足程度，这些都直接影响着企业在市场竞争中的表现和成功（Prajigo 等，2006；Lahiri，2010）。同样地，杨幽红等（2013）从顾客满意度和成本效益双重角度来定义创新质量，认为创新质量综合考虑了顾客满意度和成本效益两方面的指标，反映了创新活动在满足顾客需求和优化资源利用方面的表现。国内外关于创新质量内涵界定的研究，具体汇总如表2-6所示。

表2-6　国内外关于创新质量内涵界定的研究

维度	创新质量内涵概述	代表作者（年份）
广义	创新质量是衡量或评判创新价值的一种标准，体现的是创新价值实现过程的总和	Haner（2002）；杨立国等（2007）；马永红等（2014）；袁航等（2019）；姜博等（2019）；Chin（2021）；Duan等（2021）
狭义	创新质量是创新所产生的最终产品和服务的质量，通常考虑顾客满意与成本两大维度	Prajigo等（2006）；Lahiri（2010）；杨幽红等（2013）

资料来源：笔者根据文献整理得到。

综合对创新质量广义和狭义的概念研究梳理，本书在数字平台模块化对企业创新发展的内在作用机理探索中，将企业管理方面的创新也纳入进来，所研究的是企业的整体创新。结合杨幽红（2013）和梁玲玲（2023）等学者对创新质量的界定，本书认为：创新质量是企业创新能力和创新价值等的综合体现，是衡量和判断企业基于其数字平台模块化赋能所实现的创新产出水平和质量的标准，强调企业的创新不仅对企业自身发展有价值，而且能与数字平台开发人员和开发团队等相关利益方实现多关联方协同发展。

2. 创新质量的影响研究

通过梳理创新质量的现有文献发现，目前，国内外学界主要聚焦于政府（地方）政策、城市/区域、企业层面，开展创新质量的影响机制研究。其一，政策方面，部分学者肯定了供给策略对创新产出的促进作用（Erboir，2003；Zhao等，2016；Peng等，2018；白旭云等，2019；张永安等，2021），并进一步针对“创新虚假繁荣”的困境，学者们探讨了相关创新政策对企业创新的差异性影响、抑制性影响及企业对创新数量而非质量的倾斜追求（Zhang等，2014；Dang等，2015；孙自愿等，2020；张燕等，2022）。其二，聚焦于区域创新质量层面。较多学者将金融发展作为研究入口，探讨其对区域（城市）创新质量的影响（钟腾等，2017；张宽等，2019；李晓龙等，2021；陈俊杰等，2022；王璐等，2023）。其三，聚焦于企业层面。多数研究将高新技术产业（或企业）作为研究对象，肯定了技术创新对企业创新质量的正向影响（Grant 等，2004；Tsai 等，2008；Liu 等，2014；Arvanitis 等，2015）。但外部技术的获取可能导致路径依赖等问题从而抑制企业的创新，因此部分学者认为其对创新质量的影响存在阈值问题（Cho 和 Yu，2000；Lahiri，2010；Hsuan 和 Mahnke，2011；Kotabe 和 Badir，2008；Frank 等，2019；Feng 等，2020；马永军等，2021；宫动真等，2022）。创新质量的影响研究具体汇总如表 2－7 所示。

表 2－7　创新质量的影响研究

聚焦层面	影响因素	代表性学者（年份）
宏观政策层面	供给政策、需求政策、环境政策等	Erboir（2003）；Zhang 等（2014）；Dang 等（2015）；Zhao 等（2016）；Peng 等（2018）；白旭云等（2019）；孙自愿等（2020）；张永安等（2021）；张燕等（2022）
区域、城市层面	（数字）金融发展、城市一体化等	钟腾等（2017）；张宽等（2019）；李晓龙等（2021）；陈俊杰等（2022）；王璐等（2023）
企业层面	技术积累、技术引进、技术多样化、知识搜索等	Cho 和 Yu（2000）；Grant 等（2004）；Tsai 等（2008）；Kotabe 和 Badir（2008）；Hsuan 和 Mahnke（2011）；Liu 等（2014）；Arvanitis 等（2015）；Frank 等（2019）；马永军等（2021）；宫动真等（2022）；Lahiri，2010；Feng 等（2020）

资料来源：笔者根据文献整理得到。

（四）跨界搜索相关研究

1. 跨界搜索的相关概念

组织搜索的核心要义指组织搜索的环境是复杂且动态的，是为了解决问题而进行的一种可预测、可计划的活动，且这一活动是需要付出成本代价的。目前，学界对组织搜索的维度界定并未形成统一定论。最为常见的两种组织搜索方式是本地搜索和跨界搜索，前者侧重在现有知识附近的深度搜索，后者强调的是在动态环境下跨越组织或知识边界，获取异质信息资源的过程（Rosenkop 和 Nerkar，2001；Stuart 和 Podolny，1996）。

跨界搜索衍生于组织搜索，是指搜索范围超越原有边界（王宛秋等，2022）。现在学界主要关注两种边界：知识类型边界和知识距离边界（Li 等，2008）。前者指企业搜索的包括科学、技术、市场等知识在内的知识类型；后者指搜索获得的知识与现有知识的距离，包括时间、地域、认知等维度的知识距离（张文红等，2011）。此外，学界对跨界搜索的分类与组织搜索分类相似，但跨界搜索强调的是"外部"，具体分类汇总如表 2－8 所示。在数字平台模块化的结构层面所体现的是由知识相似性聚集的模块内节点以及所需异质知识桥接的模块间弱耦合；在制度层面的模块接口设计，其本质上也是对知识的理解、获取等。因此，本书所探讨的跨界搜索本质上是跨知识（认知）边界的跨界搜索。

表 2－8　　组织搜索分类汇总

划分依据	具体维度	代表性学者（年份）
组织学习视角	利用/探索式搜索、适应/变革式搜索	March（1991）；Gupta 和 Smith（2006）；陈国权和周琦玮（2018）；奉小斌和马晓书（2021）
搜索策略开放度	搜索深度/广度（宽度）	Wu 和 Shanley（2009）；Laursen 和 Salter（2014）；邹国庆和董振林（2014）
组织/知识距离	本地搜索/跨界搜索	Stuart 和 Podolny（1996）；Rosenkopf 和 Nerkar（2001）；Gautm 和 Riitta（2004）
组织/知识类型	科学/技术/市场搜索	Katla 和 Huja（2002）；Ahuja 和 Katila（2004）

资料来源：笔者根据文献整理得到。

2. 跨界搜索"前因后果"的相关研究

目前，国内外关于跨界搜索的影响研究主要包括其与绩效的间接关系研究和直接关系研究。在跨界搜索对绩效的间接影响研究中，中介机制主要包括知识和能力两大方面：在能力方面，多名学者实证分析了跨界搜索嵌入模式和路径模式对网络平台生态主体动态能力的积极影响（Chesbrough，2003；Sidhu 和 Volberda，2004；彭本红和武柏宇，2017）；胡畔和于渤（2017）构建了以能力进化替代的中间路径，指出跨界搜索需要通过能力重构才能对企业创新绩效产生作用（Ahuja，2000；Singh 和 Mitchell，2005），能力重构起完全中介的作用等。但学界对跨界搜索与绩效的中间能力变量的作用机理并未形成统一定论，对能力是部分中介还是完全中介的研究尚未达成共识。在知识方面，知识整合是跨界搜索影响创新绩效的另一条中介路径，彭本红等（2017）的研究发现，企业不同的跨界搜索模式通过促进知识流动与资源整合以提高企业的服务绩效。随着研究的深入，学界对跨界搜索的研究逐步转向实证研究，通过选择符合研究的跨界搜索模式（彭本红等，2017；杨苗苗和王娟茹，2020），实证分析了知识整合在跨界搜索促进企业创新发展中所发挥的中介作用（Collins 和 Smith，2006；Hawkins 和 Rezadade，2012；Lopez - Vega 和 Tel，2016）。

在跨界搜索与创新绩效的直接关系研究中，也暂未形成统一定论。一部分学者指出两者之间呈线性关系，认为跨界搜索能够丰富知识库，弥补本地搜索的知识源局限，为企业创新提供新机会。而且通过跨界搜索能够响应市场需求，提高新产品绩效（Fleming，2002；Wu 和 Wei，2013；殷俊杰和邵云飞，2017；李敏，2020）。另一部分学者指出跨界搜索对创新的正向作用存在“阈值”，过度的跨界搜索中，企业（组织）很可能需要付出较高的搜索成本，并且其带来的信息超载等负面影响会阻碍创新发展（Ahuja 和 Lampert，2001；Phene 等，2006；奉小斌和周佳微，2021）。跨界搜索对绩效的直接影响和间接影响的相关代表性研究具体汇总如表 2 - 9 所示。

表 2 - 9　　跨界搜索影响的代表性研究

作用路径	中介	代表性学者（年份）
间接影响	知识	Collins 和 Smith（2006）；Hawkins 和 Rezadade（2012）；Lopez - Vega 和 Tel（2016）；彭本红等（2017）；杨苗苗和王娟茹（2020）
	能力	彭本红和武柏宇（2017）；Chesbrough（2003）；Sidhu 和 Volberda（2004）；Ahuja（2000）；Singh 和 Mitchell（2005）；胡畔和于渤（2017）
直接影响		Ahuja 和 Lampert（2001）；Fleming（2002）；Phene 等（2006）；Wu 和 Wei（2013）；殷俊杰和邵云飞（2017）；李敏（2020）

资料来源：笔者根据文献整理得到。

学界对跨界搜索前因变量的探索中，学者们认同“能为企业寻求资源与机会以及提供平台和渠道的因素”在一定程度上促进了企业的跨界搜索行为（王建军 2020；李姗姗和黄群慧，2022）。基于此，组织冗余作为一种未必利用的资源，被认为是跨界搜索的重要影响因素之一（张文红和赵亚普，2015）。此外，部分研究提出了吸收能力、解析能力和高管行为整合等因素会对跨界搜索产生正向影响（Vanhaverbeke 等，2008；Carmeli 和 Halevi，2009；胡保亮等，2018）。

通过现有基于前因视角对跨界搜索的研究发现，网络嵌入、吸收能力、行为整合、创新能力等对跨界搜索的影响，实则表达的是出于对资源、知识的需求而驱动企业的跨界搜索，试图通过这一搜索行为解决企业创新发展所面临的困境。为此，本书认为，那些能为（组织）探寻和获取创新发展资源提供平台或渠道的前置因素，可以驱动或支持跨界搜索行为。

（五）数字平台治理机制相关研究

1. 数字平台治理机制的概念界定

随着平台经济的深度发展，传统的集中式组织结构开始向分布式创新网络演变，企业的连接更加趋于开放、灵活，传统的治理机制开始向数字平台治理机制演变（Tiwan 和 Bush，2014）。企业凭借其数字平台结构和规则优势，可获取、整合、利用资源以促进自身创新发展。然而，Schreiner（2009）在研究中指出，尽管组织（或个体）间可能由于某种共识产生连接，但在物理、文化等方面因素上存在固有距离，不恰当的跨界机制会导致协调错误。组织（或个体）在与不同主体进行价值互换时，必须规范数字平台组织（或个体）间的合作联系，并为其持续互动建立适当的框架、程序、规则和政策提供支持（Daniel 等，2020），进而权衡对“健康”跨界搜索行为的挑战和机遇。

Hong 等（2023）在数字能力赋能企业创新的研究中指出，有效的网络治理机制能够帮助数字平台生态系统中的中小企业合理避免潜在风险，进而提出了一种基于生态系统背景下的网络治理机制，并将这种产生于数字平台背景下的网络治理机制称为平台制度规范。Du 等（2021）通过数据分析发现，数字平台制度规范可以削弱道德风险，有效遏制机会主义行为，降低知识和信息共享中的交易成本，且制度规范还能消除信息交换的障碍，减少信息不对称带来的负面影响，为企业基于数字平台利用、整合、配置大量资源提供了保证。基于此，本书进一步借鉴杨亚倩等（2023）对数字平台治理机制的正式界定，即数字平台治理机制包括数字平台正式治理机制和数字平台非正式治理机制。前者是对传统契约进行扩展，通过数字化技术（区块链技术等）构建的数字化合约等契约形式，为平台各主体间提供数智化的协调方式（魏江等，2021）；后者指通过平台数据分析增强各主体间信任，并基于线上互动等数字化方式，促进共同愿景的实现。

2. 数字平台治理机制的相关研究

数字平台治理机制围绕数字平台企业展开讨论，旨在实现企业对其数字平台整体性的把控（Harald，2015）。企业需要制定相应的契约机制（Nambisan 和 Sawhney，2011）、协调机制和激励机制（Jones 和 Borgattih，1997）等以实现平台发展的预期目标。罗巍等（2015）通过欧盟 IRC 平台组织架构的研究，指出平台治理机制包括正式契约的监督和关系契约的协调（Li 等，2010）。董津津和陈关聚（2020）基于海尔双平台生态系统的研究，指出平台生态系统治理包括合同治理和关系治理两个阶段。袁宇等（2021）基于动态视角根据平台发展的不同阶段，提出了平台动态治理机制。焦豪和杨季枫（2022）在数字技术开源社区治理机制的研究中指出，现有开源社区治理主要包括激励治理（Shah，2006；Deci 和 Ryan，2000）和控制治理（Kuk，2006；Huber 等，2017）两方面，并提出共生型和共栖型数字技术开源社区治理机制。杨亚倩等（2022）运用多案例研究方法，以数字平台为研究主体指出正式治理机制、非正式治理机制及二者的交互，能够促进平台所有者与参与者的资源交换。同样地，刘婷等（2020）针对治理机制的结果效应研究中，认同平台治理机制主要分为基于正式治理的监督机制和基于非正式治理的社会化治理机制。

（六）文献述评

（1）现有研究关于数字平台模块化的属性特征并未形成统一定论；而且，数字平台模块化赋能企业创新的理论研究落后于实践发展，鲜见数字平台模块化对平台企业创新的定量研究。一方面，通过文献梳理发现，现有研究主要聚焦于涉及“数字化、平台化和模块化”方面的研究，并根据自身研究目的通过案例分析等定性研究界定“平台架构模块化”“模块化的数字平台”等概念，而鲜见关于“数字平台模块化”的本质特征和维度的界定研究。鉴于本书主要探讨企业如何基于其数字平台模块化更好地实现自身创新发展，延续平台架构模块化与模块化的数字平台的内涵和外延，初步认为企业可以通过增加功能模块间的解耦合达到平台模块接口标准化来实现数字平台模块化（Tiwana 等，2010）。本书对数字平台模块化本质特征的探索，一定程度上为模块化理论的发展提供了数字化新情景，拓宽了模块化理论研究的边界。

另一方面，数字平台模块化作为企业持续发展的重要技术和手段之一，数字平台模块化有利于促进资源共享和实现功能解耦，通过数字平台模块化更好地控制系统中每个功能模块的依赖关系，有利于未来数字平台的持续升级和迭代发展，提高企业创新能力。基于文献的系统梳理发现，已有关于模块化的相关研究主要集中在肯定产品、组织、生产流程等方面的模块化对创新的正面影响，并根据各自研究探究了包括动态能力、战略柔性、战略敏捷性在内的中介机制。部分研究将模块化设置为情景变量。研究主要通过将整体模块化水平或者多类模块化作为自变量，展开以调查问卷为主的模块化水平量化的实证研究。模块化的数字平台作为数字平台经济发展的重要载体，其模块化特征在数字经济背景下具有新的内涵和数字化特征，即“数字性”的近似可分解性和规则设计明确性的双重特征需要进一步明确。因此，数字平台模块化相关研究具有重要性和必要性，但现有研究缺乏对数字平台模块化内涵、“数字性”维度特征的研究，而且鲜有研究关注数字平台模块化究竟如何驱动平台企业实现创新，本书旨在为平台企业获取可持续竞争优势和创新能力提供可借鉴的理论依据。

（2）现有关于跨界搜索的研究中对“界”的界定不够明确，对数字平台背景下平台企业的跨界搜索行为关注度不够。对于跨界搜索的研究并未真正指出在数字化背景下“跨界”的实践表现；跨界搜索具体是在怎样的广度与深度搜索行为下影响企业的创新等问题尚未解决。数字技术极大地影响了企业的运作方式，特别是在组织边界和创新过程方面。传统企业的跨界合作主要发生在物理空间，例如通过合资、并购或建立联盟等形式。随着数字平台经济的发展，企业能够跨越物理边界，基于模块化的数字平台进行跨模块边界的搜索。

模块化数字平台通过不同层级的功能模块相互嵌套，实现从需求端跨越各层相应的功能模块，将用户信息反馈于底层平台系统“自上而下”的跨界搜索深度，加快了企业对市场的反应速度。跨界搜索广度指的是平台不同模块间进行信息和资源共享的范围。具体到平台每层的功能模块，基于模块间互赖关系探索和利用彼此的数据、服务和能力，实现更高程度的资源整合和优化，进而提升整个系统的响应速度和创新能力。因此，本书试图通过数字平台模块化，为跨界搜索提供一个重要的活动平台，驱动企业跨模块边界的跨界搜索深度和跨界搜索广度，进而形成平台企业创新优势。本书通过对跨界搜索广度和跨界搜索深度的分析，进一步明晰了其对平台企业创新的影响，拓宽了跨界搜索理论的研究边界。

（3）在关于平台企业创新的研究中，并未将创新速度与质量研究置于一种合理的实践情景中，研究选题和应用领域需要进一步拓展。创新质量与创新速度不仅是国家创新发展的重要体现，也是企业获取竞争优势的关键。通过梳理国内外相关研究发现，部分研究根据自身的研究目标，单维度阐释了创新质量和创新速度，并未将速度与质量研究置于一种合理的实践情景中，研究选题和应用领域需要进一步拓展。为此，本书以数字平台兼容与差异并存的迭代升级与创新发展为研究背景，通过数字平台模块化实现企业创新速度与质量的提升，“兼容”呼应“创新速度”，“差异”呼应“创新质量”，为平台企业创新研究提供一种全新的且更符合实践的情景，为企业实现创新速度与创新质量提供针对性的理论指导。

（4）现有关于数字平台治理机制的研究，在一定程度上探讨了平台治理机制对整体绩效的影响，但缺乏对平台如何设计适宜的治理机制的关注。平台企业在市场竞争中价值链不断融合、重组，平台组织呈现多元化、异质性的特征，在此情景下，不可能存在“一刀切”的治理模式，平台企业如何针对自身发展特征设计相宜的治理机制具有重要的研究意义。然而，现有研究主要围绕平台治理机制能促进参与者对平台作出积极贡献的结果效应，探究了平台治理机制对平台整体绩效的影响，对于平台如何设计“相机而动”的治理机制挖掘不够。

基于上述相关研究缺口，本书不论是在理论研究中还是在实践探索中，关于数字平台模块化对企业创新的内在作用机理的研究都具有重要的意义，有必要深入开展关于数字平台模块化对平台企业创新的内在作用机理研究，以期弥补相关理论不足并解决现有数字平台发展的实践困境。

第二节 相关理论基础

（一）交易成本理论

交易成本理论（Transaction Cost Theory）是现代管理学的重要理论之一，属于新制度经济学领域的研究范畴。主要围绕交易过程中的成本和效率展开研究，旨在揭示企业如何在市场中进行合作、竞争和协调，以及影响交易行为的各种因素。交易成本理论可追溯到 1881 年，Edgeworth 在探讨交易成本和交换的问题时，提出了交易理论的基础，并对其中的成本和效益进行了深入分析。Robinson 在 1933 年的研究中提出了“生产成本”和“交易成本”的概念并指出在不完全竞争市场中，交易成本对价格的决定起到了重要的作用。到 1937 年，Coase 在《企业的性质》（The Nature of the Firm）一文中提出了企业存在的原因是为了降低交易成本，认为企业内部采用层级式的组织形式可以有效地减少交易成本（Coase，1937），并在后续研究中对交易成本理论进行了进一步探讨和完善，成为该领域的主要贡献者之一。到 20 世纪 60 年代，由于 Williamson 等学者的深入研究，交易成本理论初具规模和体系。Williamson 作为交易成本理论的代表性学者，于 1975 年出版了《市场与层次制：分析和反托拉斯含义》（Markets and Hierarchies：Analysis and Antitrust Implications）一书，正式提出了交易成本理论，并在此基础上进行了深层研究，Williamson 认为，企业在作出交易决策时有两种选择：一种是通过市场机制进行交易，另一种是通过内部协调机制进行交易，这两种机制之间存在着成本和效率的权衡关系。此外，Williamson 还指出，企业选择交易方式的决定因素不仅是成本的高低，还包括信息不对称、合同不完备、异质性等因素（Williamson，1975）。总的来讲，Williamson 在研究中主要表达了企业选择交易方式的原因和影响因素，以及交易成本理论的重要性和普遍适用性。

Coase 的交易成本理论和 Williamson 的交易成本理论都着眼于企业交易决策和交易成本问题，是新制度经济学在不同历史背景下的不同表现。Coase 的交易成本理论对 Williamson 等提出的交易成本理论具有重要启示，两者的本质内涵都是围绕着企业交易和组织的成本、效率和决策问题展开的，但侧重点有所不同。前者侧重于企业内部交易和市场交易的比较，强调企业内部交易机制对降低交易成本的重要作用，深入探讨了企业组织形式与交易成本之间的关系。后者则更侧重于企业如何选择市场交易或内部协调交易，探讨了交易成本对企业决策的影响，并强调了不存在唯一的最优决策，需要考虑多种因素。

交易成本理论的本质是揭示交易过程中的各种成本及其影响因素。具体而言，交易成本主要包括：搜索成本、谈判成本、合同成本、监督成本和资源配置成本。这些成本因素会对交易行为产生影响，进而导致交易的成功或失败。如果企业在市场上寻找供应商的搜索成本较高，则会驱动企业选择开发自身生产能力。交易成本理论的核心在于，企业在进行交易时会面临来自外部环境的各种不确定性和风险，而这些不确定性和风险会带来各种交易成本，从而影响企业的交易决策。交易成本理论旨在分析交易过程中的各个环节，找出制约企业交易决策的关键因素，从而提供有效的管理思路和方法。当前，交易成本理论被广泛应用于企业管理、市场竞争和政策制定等领域。在企业管理实践中的具体应用主要包括：（1）在供应链管理中，交易成本理论有助于企业评估不同供应商之间的成本和效率，从而选择最优的供应商并建立长期稳定的合作关系（卢强等，2022；宁连举，2020）。（2）在市场竞争分析中，交易成本理论有助于企业评估自身竞争优劣势的来源，并提出相应的改进措施和决策（吴晓晖等，2008；刘华涛，2021）。（3）在战略选择中，交易成本理论有助于企业评估内部协调机制和市场机制之间的权衡关系，以及技术、资源和人力等方面的成本与效益（张靓和何龙飞，2010；邵兵家等，2005）。

交易成本理论为本书中数字平台模块化对跨界搜索的影响提供了重要的解释框架。在模块化数字平台的背景下，跨界搜索表现为两个维度即深度和广度。搜索深度体现在从用户需求的抽象接口出发，逐步向平台的底层功能模块渗透，以获取更具体、更专业的知识和技能。而搜索广度则表现在平台各层功能模块之间建立广泛的联系，以获取多样化的异质性资源，从而促进跨领域的创新和合作。两者共同促成了异质资源的汇聚和跨领域创新的实现。交易成本理论为理解这一现象提供了有力工具，指出数字平台模块化能够减少搜索和匹配成本，有助于优化资源配置效率。

（二）平台架构设计理论

平台架构设计理论（Platform Architecture Design Theory）与数字经济时代的到来密切相关。随着数字技术飞速发展，企业间竞争形式由传统上通过控制其生产链各个环节获得竞争优势，转而更加注重在生态系统内建立合作关系以更好地满足用户需求进而提升企业价值。平台架构设计理论应运而生，其关键思想在于企业将自身核心能力输出为 API（应用程序接口）等形式，向外部合作伙伴开放，形成多方共赢的生态系统，从而实现平台的价值。平台架构设计理论的代表性学者 Choudary 于 2013 年发表了《平台架构》（Platform Scale）一文，其主要内容包括以下四个方面：其一，平台是数字化时代最重要的商业模式之一。平台是指通过连接供求双方，实现价值转移和价值创造的一种商业形态，具有规模效应、网络效应和数据效应等特点。其二，平台架构是平台成功的关键因素之一。平台架构包括三个层次：生态系统层、平台核心层和外部扩展层，每个层次都有不同的功能和技术要求。其三，平台架构设计需要遵循“需求—实现—数据”轮回律。这意味着平台设计应该从需求入手，据其设计相应功能，再采集和分析数据，并基于数据不断改进和迭代。其四，平台架构的成功需要考虑到生态系统中的各个参与者，包括供应商、用户、竞争对手等，平台架构需要考虑如何吸引更多参与者，如何促进平台内的交互和合作，如何防范竞争对手的入侵（Choudary，2013）。随着平台架构设计理论的提出，学者们整合了平台架构的不同观点（Gawer，2014），深入探讨了平台的多边性（Hagiu，2020），并探究了企业如何借助平台架构构建生态系统（Parker 和 Alstyne，2017）。

平台架构设计的核心思想是将企业内部核心能力与外部合作伙伴资源有效结合，形成多方共赢的生态系统，达到"1 + 1 > 2"的效果（Tiwana，等，2010）。平台架构设计包括系统的概念架构、模块化、服务接口等方面。具体地，平台架构应当明确相互作用的实体间关系，保证平台架构在实现功能过程中的稳定性和可靠性。概念架构细节设计还需考虑可扩展性与兼容性，确保将来可随需求变化调整以保持其可靠性和稳定性。平台架构需要借助于模块化实现平台的快速开发和部署，并且通过合适的应用程序接口（API）及接口定义语言（IDL）使各个模块间方便高效地交互和共享信息，实现彼此间相互作用。模块化引致依赖于 API 的附加优点，如可扩展性、对于变更的迅速响应和通用性。平台架构还需要考虑到服务接口，包括服务契约、协议和与之相关的元素的定义，以及框架等必需的基础设施。合适的服务接口设计能够快速响应业务需求，并对多种客户端的变化和变革有足够的灵活性。

平台架构设计理论为数字平台模块化的研究提供了重要的理论基础和方法论，数字平台模块化的研究不断挖掘平台架构设计理论的潜力，持续丰富平台架构设计的理论框架和方法论。平台架构设计理论为数字平台模块化的深入探索提供了坚实的理论支撑，其核心观点在于通过将复杂系统解构为一系列高内聚低耦合的独立模块，不仅增强了系统本身的灵活性和可维护性，而且极大地提升了对用户需求变化的响应速度。这种模块化设计理念促使企业积极开展适应性创新，以应对个性化和长尾市场日益增长的需求压力（王海军和金姝彤，2021；金姝彤等，2021）。

（三）组织搜索理论

组织搜索理论（Organizational Search Theory）起源于组织科学、行为科学与演化经济学等学科，Cryert 和 March 在《企业行为理论》中首次提及组织搜索理论，假定组织的搜索行为是以问题为导向，旨在寻找解决该问题的方法（Cryert 和 March，1963）。组织搜索作为一种前瞻性的学习过程，试图通过主动学习获取一些知识来解决不确定环境中的一些问题。组织搜索理论认为复杂、动荡及不确定的内外环境中，组织为解决企业面临的问题需要对其内外部的信息展开搜索，组织搜索的过程是学习的过程，也是发现新机会和解决问题的过程，能提高组织竞争优势（李晓莉，2023）。在创新领域，组织搜索通常被认为是增加企业知识基础及知识的多样性以促进创新的重要行为（Sidhu 等，2007），开放式创新环境下，企业内部的资源难以满足自身创新的需求，需要通过组织搜索外部创新资源、获取创新思想并使其商业化（Chesbrough，2003）。在这种模式下，外部知识作为组织发展的重要资源，组织搜索理论也更注重外部知识的搜索，相应产生了跨界搜索（Rosenkopf 和 Nerkar，2001）等跨组织边界的搜索行为相关的概念。

在关于组织搜索的研究中，学者们基于自身研究视角的不同开展了多元的研究，如，Katila 和 Ahuja（2002）对产品的搜索研究，Laursen 和 Salter（2006）对创新的搜索研究以及 Martini 等（2017）对知识的搜索研究。尽管组织搜索的研究视角多元，但本质上都包括对现有机会和资源的认知和评价，以便组织能够更好地利用这些资源和机会并作出更好的决策以及跨组织边界或技术边界的搜索行为（Stuart 和 Podolny，1996）。当前快速扩大的关于开放创新的讨论重振了组织搜索尤其是跨界搜索在创新中的作用（Laursen 和 Salter，2014）。

组织搜索理论中的跨界搜索对创新的作用为本书研究跨界搜索与企业创新的直接关系提供了理论支撑和研究借鉴。组织搜索理论强调企业通过内部与外部途径搜索知识以促进创新，跨界搜索作为该理论的核心要素，指企业跨越传统边界，在不同模块间探寻有价值的知识和资源。本书发现，跨界搜索的深度和广度均会对创新产生积极影响。深度搜索使企业从用户需求出发，逐步挖掘并整合各层面知识，推动产品创新，识别市场机会。广度搜索则通过每层模块间的关系连接，涌现更多创新思想和技术，提高模块乃至整个平台企业的创新质量和新颖性。综上所述，跨界搜索为企业带来了创新机遇，是企业成功的关键因素之一。本书揭示了跨界搜索与平台企业创新的直接关系，有助于企业更好地运用跨界搜索促进创新，保持竞争优势。

（四）开放式创新理论

开放式创新（Open Innovation）是一种现代企业创新模式，核心在于打破传统的封闭研发模式，同时与外界伙伴建立联系，吸收外部资源以更高效、快速地开发出新产品或服务。随着信息技术的发展及全球化竞争的加剧，企业对创新能力的需求日益迫切，开放式创新模式应运而生。开放式创新具有以下三大特点：开放式创新强调企业不应局限于自身，需关注并拓展至外部资源，将开放式创新视为企业发展的必要战略；开放式创新强调企业应该与外部利益相关者建立紧密的合作关系，从外部吸收技术和信息等发展所需资源，并基于此进行产品或服务的创新；开放式创新强调知识产权的共享和交易，旨在实现知识的利益最大化。

开放式创新理论由哈佛商学院教授 Chesbrough 于 2003 年提出，主张企业应积极地从外部环境获取和利用创新资源，同时也将自身的创新成果分享给外部合作伙伴和市场（Chesbrough，2003）。在开放式创新理论中，企业不再依赖内部创新活动推动创新，而是通过开放性的合作、合资和技术转让等方式，与外部实体进行知识共享和合作创新。这种开放式创新模式有利于加速创新过程、扩大创新资源的规模和范围、降低研发成本和增强市场适应性等。West（2009）从经济学、计算机科学和组织学等多角度阐释了开放式创新模式的原理和实践，证实了开放式创新作为一种新的创新模式，成为企业盈利和产业发展的重要动力之一。随着学界对开放式创新理论研究的深入，目前，国内外关于开放式创新的研究主要集中在开放式创新对绩效的影响（郭海和韩佳平，2019）、开放式创新视角（郭艳婷等，2019）及开放式创新的内在作用机理（彭本红和鲁倩，2018）等方面。

在数字平台模块化驱动跨界搜索行为助力企业创新的研究中，数字平台模块化为跨界搜索提供了便捷的渠道，更易于获取来自各功能模块的知识和数据资源，这种开放性的合作创新正是开放式创新理论所倡导的。在数字平台模块化的背景下，跨界搜索行为的深度和广度对于促进企业创新具有显著作用。跨界搜索深度意味着企业能够通过模块化的数字平台，从用户需求出发，逐层挖掘并整合各模块的知识资源，包括潜在客户的需求、竞争对手的动态以及行业趋势等，有助于企业形成更为精准的市场定位，推动产品和服务的持续改进和升级，从而提高企业的创新绩效。而跨界搜索广度则强调企业通过功能模块间的互赖关系，搜索获取模块外部互补的异质性知识和数据资源，实现各模块及整个平台企业的快速创新和成长，这种创新模式有助于企业提高创新效率，降低创新成本，从而在激烈的市场竞争中保持领先地位。

（五）权变理论

权变理论（Contingency Theory）是管理学中的一个重要理论，其发展历程可以追溯到20世纪60年代末和70年代初。在这个时期，美国社会、经济环境动荡，企业经营面临着极大的不确定性，传统的管理理论已经无法解决企业所面临的新挑战。在此历史背景下，权变理论迅速兴起并引起广泛重视。权变理论最初由美国管理学家Fiedler提出，主要源自其对领导力和管理实践的深入思考，在组织管理过程的深入研究中发现，在不确定性环境下领导者的行为和决策方式与传统管理理论所描述的模式有所不同（Fiedler，1967）。这一发现促使他提出了权变理论，试图从新的角度解释管理实践中的复杂性和变化性。经验管理学派为权变理论提供了核心观点，即权变理论强调组织管理中的权力分配和调整需要根据具体情境和条件来进行灵活应对。这意味着权变理论强调了管理者需要根据具体环境和变化情况，灵活地运用权变策略，以适应不同情境下的管理挑战。通过考虑特定情景和条件下的不同管理经验，权变理论为管理实践提供了更为贴近实际的指导和建议，使管理者能够更好地理解和应对组织管理中的复杂性和多样性（郎春婷，2023）。

权变理论的权变变量涉及多种学派的管理理念，主要包括管理变量和环境变量两方面，其中，管理变量包括管理方式等与组织管理有关的因素，环境变量包括内部环境和外部环境（王晨筱，2022）。本书中，组织在创新过程中主动寻求外部知识和资源的跨界行为以促进创新的实践活动依托于模块化的数字平台，数字平台治理机制的完善程度在该过程中扮演着重要角色。数字平台治理机制作为权变变量中的管理变量类型之一，完善的数字平台治理机制可以确保信息的透明和可信度，保护知识产权，维护跨界搜索过程中的合作与协调。同时，其能够建立有效的激励机制，激发组织及利益相关者的创新能力。数字平台治理机制越完善，越能够激发组织更好地利用外部知识和资源，增强创新活力。因此，权变理论在本书调节变量的设置过程中，提供了坚实的理论依据。

第三节　本章小结

本章系统梳理了数字平台模块化、跨界搜索、数字平台治理机制、创新质量、创新速度等相关研究成果，并详细阐明了本书的理论基础。本书在明晰基本概念并厘清研究脉络的基础上，提出了现有研究的局限所在，为下文构建理论模型提供了有力的文献支撑。

第三章　基于探索性案例研究的理论模型构建

本章基于SCP范式及相关理论，构建“数字平台模块化—跨界搜索—企业创新”预测模型，采用探索性多案例研究方法，探究数字平台模块化对企业创新的内在作用机理。通过对收集到的4家数字平台企业的一手资料和二手数据进行编码分析，明确数字平台模块化和跨界搜索内涵并提炼其维度。然后，通过多案例间核心构念关系的交互验证，提出本书三大研究命题，构建数字平台模块化对企业创新的内在作用机理的理论模型，为后续提出研究假设提供实践指导和现实依据。

第一节　模型预设

案例研究的首要任务是推动理论构建和实践改进。通过深入观察和分析案例对象，获得对复杂现象的深刻理解，进而更好地明确研究问题。通过探索性案例研究，预设理论模型，检查假设，探索可能的解决方案，并为未来的研究提供指导（岳征良，2023）。本章旨在回答两大问题：第一，数字平台模块化、跨界搜索的概念界定和维度划分。需要提到的是，鉴于目前学界对数字平台治理机制以及企业创新的相关概念和维度划分较为一致，在第二章对两变量已给出相对清晰的概念界定与维度划分，本章不再赘述。第二，数字平台模块化对企业创新的内在作用机理。一方面，数字平台的模块化设计将不同子平台层级的功能模块以高内聚低耦合的方式组织起来，这有助于平台快速响应用户的个性化需求。模块化的这种特性，使得从用户端的抽象接口出发，能够逐步深入到各个层级的功能模块，实现对不同类型和层次的创新资源的深度挖掘。通过这种跨界搜索的深度，使平台企业能够在较短的时间内，针对特定的用户需求，整合和调配各层相应模块的资源和能力，从而提高创新的速度。另一方面，数字平台模块化促进了平台同层模块间的跨界搜索行为，能够实现模块协同与整合。这种设计策略简化了模块间的资源共享过程，使模块能够灵活地利用彼此的优势，共同构建新的功能或服务，显著提高了平台在快速响应市场、满足用户需求以及推动技术创新等方面的能力。为进一步明晰上述阐释，本书以某移动操作平台为例，具体呈现了基于模块化数字平台的跨界搜索概念模型图。其中，基于某移动操作平台这一数字平台，其跨模块 App1 边界与模块 App2 连接，体现为“跨界搜索广度”，即平台各层功能模块间广泛的搜索和关系链接。基于用户端需求逐层反馈于子平台中的模块小程序，平台模块 App1 的连接，体现为“跨界搜索深度”，即模块化的数字平台不同层级的模块相互嵌套，从需求端逐步跨界深入到各层相应的功能模块，具体如图 3－1 所示。

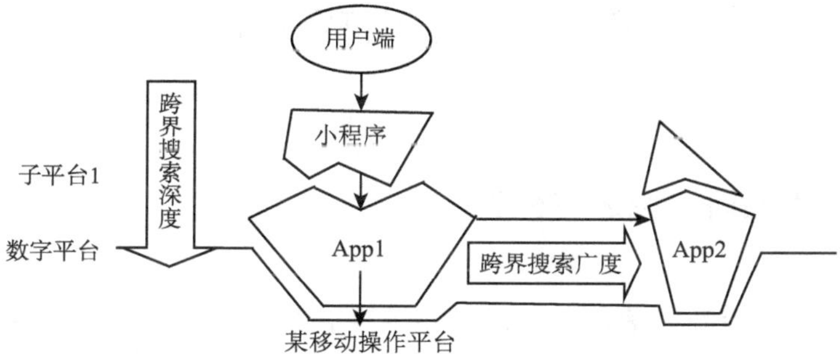

图 3－1　基于模块化数字平台的跨界搜索概念模型

基于上述分析，并结合前文研究综述和理论基础，按照“结构（Structure）—行为（Conduct）—结果（Performance）”的 SCP 范式逻辑，模块化的数字平台为平台企业跨模块边界的跨界搜索行为提供了结构基础和行动环境，通过跨界搜索汲取异质性资源、响应需求端用户个性化需求，驱动平台企业提供多元化、高质量的创新产品或服务。

此外，数字平台的模块化即松散耦合和灵活控制有助于平台企业创新，且模块接口和规则设计一定程度上可避免造成创新环境的混乱。为进一步减轻过度跨界搜索、过度竞争和创新激励不足等问题对平台企业创新的损害，需要设立一系列补充机制。为此，结合前述对于数字平台治理机制的文献综述，平台企业有必要关注在跨界搜索过程中数字平台治理机制的完善程度。

因此，本书初步构建了“数字平台模块化—跨界搜索—企业创新”预设模型，如图 3－2 所示。后续研究聚焦于完善核心构念内涵并提炼构念维度，进而深入剖析核心构念间的内在逻辑关系，逐步构建本书理论模型，从而打开数字平台模块化对企业创新作用的“黑箱”。

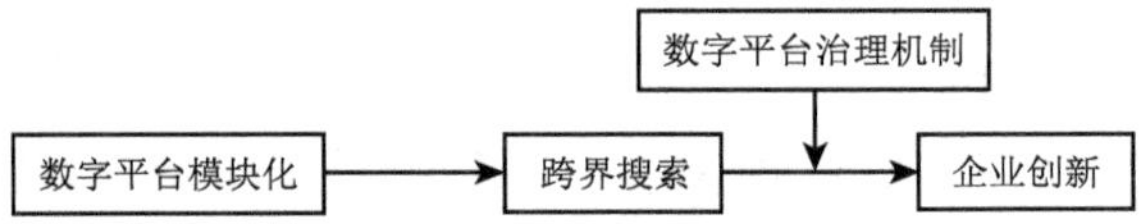

图 3－2　预设模型

第二节　案例研究设计

（一）案例研究概述与分类

案例研究作为管理学领域广泛应用的一种研究方法，通过对特定案例进行深入、详细和系统的调查研究，可以获得关于实际情景的深刻理解和洞察。根据 Ellet（2007）的观点，案例研究在管理学中具有多方面的重要性，案例研究有助于理论建设。案例研究能够从个案中提取出理论观点和概念，并通过对多个案例的比较，推导出普遍性的原则和理论。通过深入分析，为管理学理论提供实证支持或启发新的理论构建（Eisenhardt，1989）；案例研究能揭示出内在因素、动力和互动模式，以形成深刻的理解。通过深入探索多案例细节，能更好理解复杂的现象和问题（Yin，2014）；Eisenhardt（1989）认为通过对案例进行观察和分析，能够检验现有理论在实际情况中的适用性和有效性。案例研究提供了理论在真实情境中的实践检验机会，从而确认或修正现有理论。一般而言，案例研究可以根据案例研究的目标和数量两个维度进行分类。其中，根据研究目标可以将案例研究分为解释性、探索性、描述性和评价性案例研究（李作良，2014），其基本特征、适用范围以及各类案例研究的侧重点如表3－1所示。根据案例研究的案例数量可以分为单案例研究和多案例研究（Yin，2014），具体如表3－2所示。

表3－1　基于目标的案例研究分类及基本特征、适用范围与侧重点

基于目标的案例研究分类	基本特征	适用范围	侧重点
解释性案例研究	归纳整合案例中发现的模式或规律，深入洞察和解释变量关系	对研究中的因果关系进行探索与解释	对已有理论模型的深度验证和全面检验
探索性案例研究	发现新的研究领域、问题、关系或理论	理论架构尚未建立或相对模糊	提出研究假设或构建理论模型
描述性案例研究	通过整合和概括呈现的事实，提供对现象的深入理解	基于已有理论详细描述案例特定事件或现象	对案例提供客观、全面的事实描述
评价性案例研究	对特定政策、项目、干预措施或实践效果、成效和影响进行判断	考察案例的可行性、有效性和可持续性	对特定政策或实践提供改进建议和决策支持

资料来源：笔者根据李作良（2014）等相关研究的研究观点进行归纳整理得到。

表3－2　基于数量的案例研究分类及其基本概念与优缺点

基于数量的案例研究分类	基本概念	优点	缺点
单案例研究	聚焦于一个独特、复杂的现象，并通过详细描述、解释和理解个案的背景、过程和结果来提供深刻的洞见	可以深入分析研究对象，准确把握个案的独特性和复杂性	通用性有限，较难从个案提炼出普遍性理论
多案例研究	比较和对比多个相关案例来进行分析，关注案例间的共性和差异，旨在揭示普遍化的模式、关系或规律	注重多个案例之间的比较分析，有助于发现普遍性规律，增强理论的可靠性和可验证性	收集和分析大量复杂数据的困难以及各案例间的异质性可能导致结果的模糊性

资料来源：笔者根据 Yin（2014）等相关研究的研究观点进行归纳整理得到。

（二）研究方法选取

本书研究的主题属于组织行为学、管理学和信息技术等交叉的问题范畴，需要通过对“过程”的探索回答数字平台模块化如何（How）作用于企业创新的问题，此类研究问题适宜采用探索性案例研究方法（Eisenhardt，1989）。一方面，本书基于SCP研究范式，围绕数字平台模块化、跨界搜索以及对企业创新的内在作用机理展开。尽管第二章文献梳理过程中，对模块化内涵与维度展开了系统探讨。但数字经济背景下，传统模块化理论不断衍生发展，需要赋予其数字化新特点，即明晰数字平台模块化内涵与属性维度具有必要性和重要性。然而，数字平台模块化的研究尚处于初级阶段，相关研究较为匮乏，对数字平台模块化的本质特征缺乏清晰界定；而且，从实证证据来看，数字平台模块化对企业的作用机理尚待深入剖析；跨界搜索的本质及维度划分也存在混淆分歧。因此，有必要采用探索性案例研究方法进行理论构建（Jiang，2018）。另一方面，相较于单案例研究，多案例研究不仅更能遵循复制逻辑，通过探索多个案例，能提供更为详实的信息以理解所要研究的问题，而且多案例研究可以更好地探索和比较不同案例间联系，更精准地明确研究问题，提高研究的稳健性（Yin，2008）。

综上所述，本书基于SCP研究范式和开放式创新理论，构建数字平台模块化、跨界搜索和企业创新间关系模型。通过探索性多案例研究方法完善数字平台模块化和跨界搜索维度划分，并通过核心构念间关系的提炼初步形成本书的理论模型。

（三）案例企业选择

1. 案例选择

本书通过理论抽样选取案例，在多案例研究中，根据研究问题和理论框架的需要，可以有针对性地选择案例。理论抽样的意义在于能够增强理论的可靠性和适用性，深入理解现象的复杂性，构建更具解释力的理论，提高研究效率。通过理论抽样，研究者可以选择具有代表性、挑战性和能够提供更多信息的案例，验证、扩展和深化理论（Yin，2003），增强研究的可靠性，以及深入理解现象的复杂性。基于本书情景、研究范围和研究对象，最终确定4家具有代表性的数字平台企业作为案例企业，其基本情况如表3-3所示。

表3-3 案例企业基本情况

企业编号	成立时间	行业	所在地	数字平台	数字化产出
企业A	1984年	电器制造行业	青岛	工业互联网平台	• 智能产品 • 数字服务
企业B	1999年	电子商务行业	杭州	工业互联网平台	• 数字产品 • 数字服务
企业C	1987年	信息通信技术行业	深圳	工业互联网平台	• 数字内容 • 数字服务 • 数字产品
企业D	2012年	互联网科技行业	北京	虚拟社交平台	• 在线视频 • 在线社交

资料来源：笔者根据案例资料整理得到。

本书遵循以下三条标准选择案例企业：①具有典型性（Eisenhardt，1989）。4家案例企业均注重打造全面数字化生态系统，通过整合资源、建设数字平台并以数据为核心驱动力，提供丰富的数字化服务和产品；而且主营业务均为基于大数据、人工智能、区块链和云计算等数字技术的应用，有利于形成案例的对比和拓展（刘月，2022）。②遵循复制逻辑（Eisenhardt，1989）。本书主要研究中国数字化背景下数字平台模块化与企业的创新发展，因此，样本选取聚焦于中国境内企业。4家企业均具有一定时间的发展历程，案例研究结论同样适用于其他地区企业。③数据具有完备性（Eisenhardt，1989）。案例企业的公开数据和信息较为丰富；课题组长期对案例企业进行跟踪和调研，收集了案例企业大量的定性资料和定量数据，能够为案例研究提供全面和详实的数据资料。

基于上述案例对象选择标准，本书选择了来自山东青岛技术开发区、深圳南山区高新科技园、北京亦庄经济技术开发区、杭州高新技术产业开发区的4家企业。针对4家案例企业，本书采用一手数据和二手资料相结合的方式收集数据，形成翔实的资料数据库，构成完整的证据链。基于保密原则，本书对案例研究过程中涉及的4家数字平台企业均以匿名形式呈现，编号为企业A、企业B、企业C和企业D，4家数字平台企业的基本情况如表3-3所示。

2. 案例简介

（1）企业A。企业A总部位于中国山东省青岛市，成立于1984年。作为一家全球领先的家电和消费电子公司，企业A专注于研发、制造和销售各类家电产品，包括冰箱、洗衣机、空调、电视等。随着数字化时代的到来，企业A积极探索智能家居领域，利用物联网和人工智能等技术，建立起智能产品生态系统，为用户提供更加智能化和个性化的家居体验。为此，企业A致力于搭建U+平台，将个人、家庭和社区连接起来，通过数据和智能化的应用，实现互联互通和智慧家庭的构想。通过U+平台，企业A旨在为用户提供更便捷、智能和个性化的家居生活体验，并推动整个家电产业向数字化、智能化方向发展。

企业A的U+平台采用了模块化设计的理念，将智能家居领域划分为多个功能模块，每个模块都具有独立的特定功能和特点。这些模块可以根据用户的需求进行选择和组合，以构建个性化的智能家居系统。例如，用户可以选择智能冰箱、智能洗衣机、智能空调等模块，并通过U+平台进行集成和控制。而且，企业A的U+平台的各个模块能够通过统一的接口规范和通信协议，有效地进行数据交换和功能集成。此外，企业A的U+平台也提供了开放的API（应用程序接口），允许第三方开发者基于平台开发自己的应用程序和功能模块，这为创新和合作提供了机会，丰富了U+平台的功能和应用。总体而言，企业A的U+平台是一个基于模块化结构设计和模块界面规则的智能家居生态系统，旨在为用户提供个性化、智能化的家居解决方案。通过选择和集成不同的功能模块，用户可以根据自己的需求打造定制化的智能家居系统，并享受更便捷、智能的家居体验。

（2）企业B。企业B总部位于中国浙江省杭州市，成立于1999年，旨在为企业提供电子商务和互联网基础设施服务。企业B通过创新、开放合作和技术实力，推动了电子商务、数字经济和互联网行业的发展，成为全球领先的互联网公司之一。随着物联网技术的迅猛发展，企业 B 于 2016 年推出了 IoT 平台，该平台为设备接入、数据存储、数据分析和应用开发提供了一体化的解决方案，旨在帮助客户快速构建和管理物联网应用，实现设备与云端的连接和数据交互。自推出以来，IoT 平台不断完善和发展。它在物联网领域得到了广泛的应用，并与各行各业的合作伙伴共同推动物联网技术的发展和落地。企业 B 的 IoT 平台已经成为全球领先的物联网云平台之一，为企业和开发者提供了丰富的物联网解决方案和服务。

企业 B 的 IoT 平台模块化设计是实现可扩展性、灵活性和易于维护的物联网解决方案的关键。其中，IoT 平台上的设备管理作为核心模块，提供了设备注册、认证、在线状态监测等功能。通过将该模块独立出来，对大规模设备进行集中管理和监控，使开发者能轻松地添加、删除和管理设备，而无须关注底层细节；IoT 平台提供了强大的大数据分析和人工智能服务，如流式计算、机器学习等。可以使用流式计算模块对设备数据进行实时分析和处理，或者利用机器学习模块对数据进行预测和优化；IoT 平台还提供了统一的 API 和 SDK，便于模块间交互和集成。这些接口和 SDK 的设计规范明确，参数和返回值的定义清晰，使模块间的集成简单和可靠。

（3）企业 C。企业总部位于中国广东省深圳市，成立于 1987 年。作为全球领先的信息和通信技术解决方案提供商，企业 C 致力于为全球运营商、企业和消费者提供高质量的通信网络设备、解决方案和服务。企业 C 为全球的电信运营商提供了广泛的解决方案，涵盖了移动网络、固定网络、云核心网和 5G 技术等。在业务方面，企业 C 通过提供企业网络设备、云计算、物联网和人工智能等技术，帮助企业实现数字化转型和创新发展。在消费者业务方面，企业 C 生产和销售智能手机、平板电脑、智能穿戴设备等消费电子产品。

OC 平台是企业 C 构建的物联网（IoT）解决方案和服务平台。它为全球各行业的企业和开发者提供了一套完整的物联网解决方案，帮助他们实现设备连接、数据管理、应用开发和运营管理等需求。该平台提供了设备接入管理、数据管理与分析、应用开发与部署、安全与隐私保护等一系列功能和服务。据此，企业可以快速实现设备的联网和管理，从而实现设备数据的采集、存储、分析和可视化展示，并基于此构建各种物联网应用和服务。同时，OC平台还提供了开放的API，方便开发者进行二次开发和集成，加速物联网解决方案的创新和落地。企业C通过OC平台，助力全球各行业实现数字化转型，并推动物联网技术在各个领域的应用和发展。

（4）企业D。企业D总部位于中国北京，成立于2012年。目前，企业D涉足多个领域，包括社交媒体、短视频、新闻资讯、在线教育等，已经发展成为全球最有价值的初创科技公司之一，在全球范围内拥有庞大的用户基础和广泛的影响力。企业D于2016年打造的“社交+内容”的TT数字平台，最初以中国内地用户为主，提供了简洁易用的界面和短视频创作工具；随着企业D在2017年收购了国际短视频应用公司，并将其整合到TT平台，该平台在全球范围内获得了巨大的成功，成为全球年轻人喜爱的社交媒体平台之一。到2018年，企业D的TT数字平台在国内迅速流行，用户基于该数字平台创作和分享短视频，使平台上涌现出大量的优质内容和有影响力的创作者。

TT平台作为一个社交娱乐平台，不断引入新的功能模块来满足用户的需求。企业D可以独立开发和集成各种创新性的功能模块到TT平台上。例如，企业D将直播、电商、短视频编辑、AR滤镜等功能模块集成到TT平台上，为用户提供了更多娱乐和互动的方式。这种创新性的功能模块不仅增加了用户留存和活跃度，还为企业D带来了新的商业机会。而且，TT平台能够通过丰富的开放接口和工具，吸引第三方开发者，为企业D带来了更多的创新资源。

（四）数据收集及信效度保障

1. 数据收集

案例研究需要基于多重来源获取案例资料，以得到全面的信息，弥补资料缺失和填补漏洞，增加资料多样性并减少资料偏见，确保案例数据收集质量即信度和效度，为后续的分析和决策提供更可靠的基础。本书为了获得准确和全面的案例资料，通过访谈、文件和报告、观察、档案资料等多种方式收集了多类型的资料来源（Eisenhardt，1989；Yin，2009），进而从不同的视角和维度来理解和解释案例。本书具体的案例资料收集方式如表3-4所示。

表 3-4 资料收集方式

数据来源	主要表现方式	资料类型
文件和报告	(1) 年度报告、财务报表、市场调研报告等；(2) 业内报刊、内部会议记录、研究报告等；(3) 管理层人员接受杂志媒体专访、公司高管在重大会议上发表讲话、创始人发布在个人微信公众号上的文章等	二手资料
档案资料	(1) 包括照片、报纸剪报等在内的历史档案；(2) 法规政策档案；(3) 行业文献档案	
访谈	(1) 深度访谈；(2) 焦点访谈；(3) 调查访谈	一手资料
观察	(1) 现场观察；(2) 远程观察	

资料来源：笔者根据案例资料整理得到。

其中，文件和报告作为重要的案例资料来源，首先，通过在线数据库和公司官方网站等收集案例企业公开发布的文件，包括公司年度报告、财务报表、市场调研报告等，通过业内报刊、内部会议记录、研究报告等方式获取内部资料，将获取的资料进行归类整理，提取与研究问题相关的信息，记录下关键数据和观点。收集包括历史档案、法规政策、行业文献等，通过寻找合适的档案馆、数据库以及中国知网（CNKI）、WOS（Web of Science）、企业官网、新浪新闻等线上文献，获取相关档案记录，细致阅读和整理这些档案记录，了解案例企业所处背景和环境，根据本书研究主题，提取并记录有价值的信息。其次，根据研究主题和目标，选择案例企业中高层管理者作为走访对象，制定访谈指南进行访谈，并记录、整理、分析和解释数据。最后，通过视频、照片等方式收集契合本书主题的资料，进行分析和解释并与其他证据进行对比和验证。

在案例数据收集基础上，通过撰写案例研究报告，构建案例资料数据库，为后续研究的开展提供可追踪、便捷的数据。具体地，首先，需要将收集的案例数据进行归纳整理，建立完善的案例数据库，以便后续研究的查询；其次，汇总整理访谈记录；再次，根据档案资料并依据时间进程记录企业发展历程；最后，对所有的案例资料数据进行整理和归档，将其转化为电子格式，并建立一个可以方便存取和检索的案例信息库（李作良，2014）。

本书在案例研究编码前，通过内容分析法，检验信度（Holsti's Coefficient

Reliability－R）和相互同意度（Cohen′s kappa－K）指标是否符合阈值标准（Holisti，1969），进而确保案例研究结论的信度和效度。其中，信度（R）用于评估案例研究编码的可靠性，有助于判断进行编码时的一致性和稳定性，即同一个编码人员在不同时点或不同环境下对案例数据的编码结果是否一致；相互同意度（K）通过计算不同编码人员对案例研究编码结果的一致性来衡量，能帮助确定在不同编码人员之间是否存在一致的理解和解释，以及他们对案例数据的分类和归纳是否一致。具体地，信度资料样本选取总资料样本的10%，由两名编码人员根据编码说明，依次进行完整的三级编码，将两位编码人员所得到的编码结果，通过SPSS软件进行Kappa一致性检验和信度检验，得到相互同意度（K＝0.824＞0.75）和信度（R＝0.897＞0.8），均大于0.8，说明两位编码人员对资料分类归纳的一致性较高，具有良好的信度。在建立案例资料库，并对编码人员归类一致性与信度检验的基础上，正式开展案例研究。

2. 信效度保障

在案例研究中，需遵循Yin（2004）提出的保障信度和效度的研究策略，通过建立评估框架，包括构建效度、内在效度、外在效度和信度，以全面评估和控制案例研究的质量（肖静华等，2015）。对案例研究的质量评价标准如表3－5所示。

表3－5　案例研究的评价标准

检验种类	案例研究措施→措施运用阶段	本书的实施方式
构建效度	综合多种证据来源→资料获取	多源数据包括文献文档资料、实地观察、调查访谈等
	建立理论基础→收集相关信息和数据	原始资料—资料筛选—概念提取—构建理论模型—理论验证与修订—形成具有逻辑关系的模型
	证据提供人复核报告→资料收集	将4家案例企业“数字平台模块化与企业创新”的模型交由企业高层审核检验，确保案例企业对关键构念及相关过程的正确理解
内在效度	匹配模式→资料分析	将构建的理论框架与数字平台模块化对企业创新的作用模型匹配，概念模型与研究结论基本吻合
	尝试建立某种解释→资料分析	根据理论逻辑与案例资料进一步深入地解释与说明
	竞争性解释分析→资料分析	多位成员提出解释并进行数据的验证、审查和修正

续表

检验种类	案例研究措施→措施运用阶段	本书的实施方式
外在效度	理论指导→研究设计	与现有相关文献深度对话
	用复制方法进行多案例研究→研究设计	进行多案例研究
信度	形成案例研究计划→研究设计	在正式研究前，与导师、课题组成员充分讨论研究计划并进行必要的调整，最终形成完备详尽的研究方案
	建立案例资料库→资料收集	根据获取的渠道、内容等进行分类并构建资料库
	反复执行→资料分析	课题组成员分别对资料进行研究，通过比对和讨论分析结果，最终达成一致观点
	呈列多类资料证据→资料分析	案例中呈现企业的相关文档以及通过访谈、实地观察、线上报道等多渠道获得的数据

资料来源：笔者根据 Yin（2014）、肖静华等（2015）等研究及案例资料归纳整理得到。

（五）数据编码与分析

探索性案例研究的目的是通过深入的案例研究以探索新现象、揭示问题、发展理论和促进实践，并帮助研究者更好地理解和解决复杂问题。在案例研究中，可以通过概念化和范畴化将研究对象的特征和关系抽象化，进而更好地理解研究问题及研究对象间的逻辑关系。其中，概念化是指将实际情景或现象抽象出来，即概念化可以将研究对象的特征抽象出来，并赋予其一个普遍适用的概念或理论框架，从而更好地理解和解释复杂的现象。范畴化是指将具体的案例或观察对象根据特定的属性、特征或质性进行分类或分组。通过范畴化将研究对象的特征和关系进行归类，进而更好地理解它们之间的关系。三级编码作为案例研究中常见的一种编码方法，可以对案例中的数据进行分类和整理。三级编码分为三个层次，分别是主类别、子类别和细节类别。具体地，主类别是指将数据进行大致分类的层次，通常是案例中最重要、最关键的几个方面或问题；子类别是对主类别进行更加具体化和详细分类的层次。子类别是在主题框架下的细化分类，旨在进一步区分不同的数据类型；细节类别指对每个子类别进行进一步细节展开的层次。细节类别是具体表现形式，在子类别的基础上升华出来，识别了各种可能的方向。

本书运用 Nvivo12 软件，通过三级编码将原始数据转化为概念化和范畴化的形式，并从中提取核心构念，进而分析这些构念之间的逻辑关系。围绕“数字平台模块化对企业创新内在作用机理研究”，以数据驱动为原则，遵循“开放式编码—主轴编码—选择式编码”逻辑分析数据。首先，对收集到的数据开放式编码，尽可能全面地识别和记录数据中出现的概念；本书将 4 家企业一手数据和二手资料分别标记为 A－1、B－1、C－1、D－1 和 A－2、B－2、C－2、D－2；其次，基于此整理和组织相关开放式编码，找出数据中的核心概念、主要关系等；最后，进一步筛选和整合数据，根据研究问题和研究目的，突出重点关注的主要核心构念，并梳理构念间逻辑关系，深入构建理论框架，进行编码结果整理，如表 3－6 所示。

表 3－6　“开放式编码—主轴编码—选择式编码”结果

核心范畴	主范畴	初始范畴（关键词句举例）	企业编码条目				合计
			A	B	C	D	
数字平台模块化	近似可分解性	用微服务架构实现设备管理、应用服务等的解耦（A－2） 用微服务架构实现各功能模块独立部署与扩展（C－2）	21	7	19	13	60
	规则设计明确性	提供 API 和工具（A－1） 开放 SDK 和 API（C－2） 提供标准的购物与支付 API（B－1）	18	11	16	10	55
跨界搜索	跨界搜索广度	数据分析与个性化推荐算法跨界应用（B－1） 视频内容创作模块与社交模块整合（D－1）	20	15	19	12	66
	跨界搜索深度	将视频内容与用户的个性化需求相匹配，如健康管理、旅游规划等（D－2）	24	22	16	13	75
企业创新	创新质量	为用户提供开放的社区和反馈渠道促进产品优化创新（B－2） 整合物联网解决方案形成丰富完整的生态系统（C－2）	17	13	16	24	70
	创新速度	快速开发和集成（A－1） 设备连接和管理更加灵活高效（B－2） 支持设备的快速接入和部署（C－1） 新功能的研发与上线速度加快（C－2）	15	24	19	21	79

续表

核心范畴	主范畴	初始范畴（关键词句举例）	企业编码条目				合计
			A	B	C	D	
数字平台治理机制	数字平台正式治理机制	严格的合作伙伴审核与管理（A-2） 安全和隐私保护机制（B-2） 安全漏洞管理（C-2） 用户协议和规则（D-2） 投诉和申诉机制（D-2）	20	14	19	17	70
	数字平台非正式治理机制	社区交流和互助（A-2） 技术社区和开发者生态系统（B-2） 开发者支持和培训（C-2） 热门话题和挑战赛（D-2）	25	24	21	18	88

资料来源：笔者根据案例资料整理得到。

第三节　基于案例分析的构念内涵及维度探索

（一）数字平台模块化内涵及维度探索

在数字平台经济持续发展的实践背景下，模块化的数字平台作为其重要载体，亟须赋予模块化理论数字经济背景下的新内涵并剖析其本质特征，以揭示数字平台如何利用模块化赋能平台企业的创新，进而为平台企业持续发展提供理论指导和实践支持。

本书结合第二章对模块化的概念界定和本章案例编码结果，发现数字平台模块化本质特征的双重维度体现为近似可分解性和规则设计明确性，强调数字平台在架构模块化设计过程中，注重结构上的“近似可分解性”的同时，确保功能模块接口界面的规则设计要清晰，允许每个功能模块进行或解除耦合的标准化接口与其他功能模块进行交互，即规则上的“规则设计明确性”。本书数字平台模块化特征划分标准与Tiwana（2010）和金姝彤（2021）等学者对模块化数字平台的定义内涵及外延保持一致，即认同数字平台模块化本质上是基于模块化逻辑构建的数字信息系统，并包含了分层的平台架构、核心功能模块、清晰的模块接口，同时能为用户提供可扩展的创新服务。其优势在于保持核心功能稳定的同时，能够灵活地组合、匹配和扩展独立的功能模块，以实现新的配置而不影响系统的整体功能和性能。此外，模块间的松散耦合关系，通过网络效应和标准化结构，使平台具备灵活的适应能力，并形成资源的异质性优势（金姝彤等，2021）。

1. 近似可分解性

基于编码结果，数字平台模块化在结构上具备“近似可分解性”表现为将平台划分为独立模块并通过数据流连接，实现跨地域、超时空协同。近似可分解性结构降低了模块间的直接依赖，增强了平台的自适应性和扩展能力。在案例企业 B 的 IoT 平台中，各模块分别负责不同的功能，这些模块包括设备接入模块、数据处理模块、应用开发模块等。每个模块都具有相对独立的架构和功能，并且通过确定的接口进行连接和交互。企业 D 的 TT 平台的模块化设计，将其平台架构划分为多个相对独立的模块，这些模块包括用户管理模块、内容管理模块、算法推荐模块、广告服务模块等。其中，广告服务模块负责在抖音平台上提供广告投放和管理服务。该模块独立处理广告相关的任务，包括广告投放、广告审核、广告数据统计等。它通过接口与其他模块进行集成，如获取用户兴趣数据，将广告推送给目标用户等。

结合第二章对模块化内涵的界定，本书认为近似可分解性是数字平台模块化的核心维度之一，本书案例研究编码结果也证明了这一观点。

2. 规则设计明确性

根据编码结果，数字平台模块化的另一核心维度为“规则设计明确性”，它通过规范和规约来准确定义模块间的接口行为和数据交互方式，使接口的功能、参数、数据格式等能被准确理解和实现，进而确保模块间的协作和交互能顺利进行，减少错误和不一致性，从而提高系统的可靠性和可维护性。案例企业 A 的 U + 平台在模块化设计进程中，通过使用规范的命名约定来命名接口函数、参数和数据类型，从而使每个模块的命名风格保持一致；案例企业 C 的 OC 平台会定期发布版本更新内容，其中包含了接口规则设计的变更和优化。通过版本管理，各模块可以快速了解平台的最新特性和模块接口变化，避免接口规则不明确导致的兼容性问题；案例企业D的TT平台提供技术支持和培训互动，帮助各模块更好地理解和使用模块接口。这些活动包括技术支持服务、在线社区交流、开发者大会等，通过与开发者直接互动，能够解答问题，提高接口规则的明确性。

结合第二章对模块化内涵的界定，本书认为规则设计明确性是数字平台模块化的另一核心维度，本书案例研究编码结果也证明了这一观点。

（二）跨界搜索内涵及维度探索

在第二章关于跨界搜索的相关研究梳理中，学者们对跨界搜索的概念界定并不完全一致，不同的定义丰富了跨界搜索的概念和内涵，拓宽了跨界搜索的研究视角。但同时也存在研究中涉及跨界搜索时，并未明确指出“界”在新背景下的具体实践表现，导致研究出现含糊不清的现象。模块化的数字平台使跨界搜索行为突破了时间和地域的物理思维限制（Gawer，2014）。数字平台模块化对各个模块之间的弱耦合设计，意味着模块可以相对独立地运作，并通过模块接口的规则设计与其他模块集成，同时，这种模块间的互赖关系有利于构建一个动态的创新资源库（余东华和芮明杰，2005），鼓励知识在不同模块间自由流动，从而为创新提供更多的可能性和视角。这种资源库的存在能够增加发现新组合和新机会的概率，进而提升整个平台的创新质量。通过跨界搜索深度实现平台对用户需求的快速响应，深度的跨界搜索允许平台更深入地了解用户的特定需求和偏好，并据此提供定制化的内容或服务。跨界搜索深度促进平台企业实现个性化响应有助于建立用户的忠诚度，并能迅速吸引用户对新产品或服务的注意，从而提高创新成果的商业化速度。

不仅如此，企业数字平台模块化对各功能模块的界面规则进行灵活调整和设计，以互联网为实体接口，以数据为虚拟接口，可降低模块间跨界交流过程中的搜索成本，有助于企业在跨界搜索中获取更多稀缺资源（张镒和刘人怀，2020）。基于上述分析，进一步结合案例探索与已有跨界搜索理论（王倩和柳卸林，2023）概念，本书认为：基于模块化的数字平台，跨界搜索所跨越的是模块边界。其中，跨界搜索广度是每层子平台上的跨模块边界；跨界搜索深度强调各层子平台对应的模块边界的跨界搜索。具体案例分析如下：

1. 跨界搜索广度

数字平台各层功能模块基于弱耦合互赖性和接口的规则设计明确性，展开了跨模块边界的搜索行为，通过这种跨界搜索广度建立多元化的关系以获得异质性资源。基于案例编码结果，在案例企业 A 中，U + 平台支持模块之间的灵活连接和拓扑设计。模块间通过连接线路进行数据传输和控制信号传递，实现模块之间的跨界搜索和协同工作。在案例企业 B 中，IoT 平台作为一种开放的物联网平台，企业可以利用其“模块化能力”，基于所在平台界面快速整合不同功能模块，以满足创新开发的需求，同时该平台提供开放的 API 和工具，使平台上的功能模块与其他功能模块合作，例如，与企业的电商模块进行数据交互或与企业的支付模块进行支付集成等。案例企业 C 的 OC 平台使企业能够快速整合不同功能领域的物联网模块，例如，将传感器设备模块与 OC 平台上的数据存储和分析模块进行集成，实现数据的采集、存储和分析。

结合第二章对跨界搜索内涵的界定，本书认为跨界搜索广度是跨界搜索的核心维度之一，本书案例研究编码结果也证明了这一观点。

2. 跨界搜索深度

模块化的数字平台不同层级的模块相互嵌套，从需求端的抽象接口，逐步跨界深入到各层相应的功能模块，平台各层间的模块具有弱连接关系，通过这种“自上而下”的跨界搜索深度，促进平台企业快速响应市场需求。基于案例编码结果，案例企业 A 的 U + 平台通过其模块化设计，让用户可以通过一个应用程序控制所有智能家电，比如远程查看冰箱食物并购买缺少的，实现了从用户需求到产品服务的快速跨界响应。在案例企业 B 的 IoT 平台上，通过某程序用户可以用简单的语音指令控制家里的多种智能设备，如“打开客厅灯”，系统便会自动执行，展现了 IoT 平台的高效响应能力。在案例企业 C 的 OC 平台上，允许制造商将各种智能设备接入网络，实现数据共享和远程管理。例如，用户可以通过一个统一的手机应用（抽象接口）控制家中的智能灯泡亮度，这个过程涉及应用层模块、设备接入模块和智能灯泡控制模块的协同工作，每个模块专注于自己的功能，并且通过该平台进行松散耦合，便于扩展和维护。当市场出现新的智能照明需求时，OC 平台可以迅速整合新的解决方案，满足用户和制造商的需求。在案例企业 D 的 TT 平台上，通过其用户友好的界面让用户轻松浏览和发现内容，当用户对某个视频感兴趣并与之互动时，抖音的推荐算法会分析该用户的喜好，并从内容模块中检索更多相关视频。这些模块虽有特定功能，但彼此间通过 API 等方式相连，保证了灵活性和可扩展性，使抖音能够迅速适应并预测市场趋势，及时调整内容推送策略以满足用户需求。

结合第二章对跨界搜索内涵的界定，本书认为跨界搜索深度是跨界搜索的核心维度之一，本书案例研究编码结果也证明了这一观点。

此外，为进一步明确平台企业跨界搜索行为以及平台企业通过跨界能够利用的知识，本书通过跨界搜索的理论研究与案例探索发现：跨界搜索能利用的知识包括但不限于市场、技术和服务等知识资源（余东华和马路萌，2024）。其中，第一，数字平台各层功能模块具有互赖关系并基于模块接口的规则设计展开跨模块边界的搜索行为，通过这种跨界搜索广度建立多元化的关系以获得异质性资源。在数字平台模块化设计中，平台各层模块间基于模块的应用程序接口（API）实现跨模块的搜索与连接关系，这种基于模块接口规则设计的模块间互赖关系，本质上是通过技术实现连接和数据交换。这些技术确保了模块间的高效通信和数据一致性，使平台能够灵活响应各种需求（张镒和刘人怀，2020）。同时，模块接口界面的规则设计明确，使平台企业可以在广泛的跨界搜索中快速定位和整合分布在各个模块中的信息，降低跨界搜索的复杂度和搜索成本。例如，在 ERP 平台操作层上的仓库管理模块、生产执行模块和客户关系管理模块，这些模块处于 ERP 平台的同一层级，基于 API 进行跨界连接和通信，从而确保了数据的一致性和业务流程的顺畅。这种同一子平台的模块间的连接使整个组织能够灵活、高效地响应市场变化，同时保持对复杂运营的控制。第二，基于数字平台的深度跨界搜索过程中，通过深度整合多层次的用户行为数据以及反映需求端信息的外部数据源，平台能够对用户的即时兴趣进行动态预测，同时捕捉到长期趋势和潜在需求，进而在内容推送和服务提供方面实现高度个性化和智能化的响应。这种跨界搜索深度获取涉及市场、服务等方面的知识，不仅优化了用户体验，而且极大地提高了平台的运营效率和市场竞争力（解晓晴等，2023）。例如，抖音平台通过模块化的数字平台实现了多样化的功能，这些功能模块从用户直观接触的视频内容创作和分享（最顶层的需求端），深入到算法推荐、互动评论、广告投放、电商链接、直播带货等功能模块（平台各层功能模块），最终触及内容变现和数据分析等底层功能模块。模块化数字平台通过深度跨界搜索让抖音能够根据用户需求，灵活调整各个模块的运作，从而在提供娱乐内容的同时，也能满足用户个性化服务的需求，增强了平台的综合竞争力。

第四节　跨案例分析与初始假设命题提出

（一）数字平台模块化与企业创新的关系分析

网络环境的不确定性、业务场景的差异性以及工业机理的多样性等增加了数字平台的复杂性，也使数字平台迭代升级和持续发展困难重重。模块化思维是消解复杂性的重要手段（Baldwin 和 Clark，2002），数字平台模块化应运而生，为数字平台发展纾困解难，驱动平台企业持续创新。通过 4 家案例企业数据的编码与提炼，发现数字平台模块化的近似可分解性和规则设计明确性均能够直接影响平台企业的创新，典型证据援引如表 3－7 所示。

表 3－7　　数字平台模块化与企业创新的典型例证

典型例证（部分证据援引）		构念	关系逻辑	构念间关系	关系解释
U＋平台采用模块化设计，将各功能模块划分为独立组件，如设备接入、数据处理、应用开发等。模块间通过接口兼容交互和协同运作，实现多元智能功能（A－1）	√	近似可分解性	近似可分解性有助于提高创新专业化与专注度，降低协同风险，促进了创新的多样性与兼容性，提升了企业创新质量	近似可分解性 ↓ 创新质量	近似可分解性积极影响创新质量
	√	创新质量			

续表

典型例证（部分证据援引）		构念	关系逻辑	构念间关系	关系解释
IoT 平台提供了通用模块化设备支持，能更灵活集成和管理各种类型物联网设备，提高企业创新敏捷性和效率（B－2）	√	近似可分解性	近似可分解性有助于发挥并行开发、快速迭代、快速集成和生态发展等优势，推动企业的创新速度提升	近似可分解性 ↓ 创新速度	近似可分解性积极影响创新速度
	√	创新速度			
OC 平台所提供的开放 API 和开发工具，允许企业根据自身需求定制和集成特定功能，实现个性化的物联网创新（C－1）	√	规则设计明确性	规则设计明确性能够规范创新方向、降低风险与错误率，促进标准化与复用，提升企业的创新质量	规则设计明确性 ↓ 创新质量	规则设计明确性积极影响创新质量
	√	创新质量			
平台同时要采取相应的设计措施，确保各个模块之间的协作效率和数据一致性。这样才能加快创新速度，提高企业创新能力（A－1）	√	规则设计明确性	规则设计明确性能够提升协同效率、稳定性和可靠性，促进数字平台灵活性和扩展性，加快创新速度	规则设计明确性 ↓ 创新速度	规则设计明确性积极影响创新速度
	√	创新速度			

资料来源：笔者根据案例资料整理得到。

数字平台近似可分解性的模块化特征，不仅有利于企业创新专业化与专注度的提升，降低协同风险，促进创新的多样性与兼容性，提升企业的创新质量；而且能够助力企业发挥并行开发、快速迭代、敏捷开发、灵活调整、快速集成和生态发展等优势，进而推动企业的创新速度提升。数字平台模块化中的规则设计明确性能够规范创新方向、降低风险与错误率，促进标准化与复用，从而提升企业的创新质量和竞争力。同时，规则设计明确性能够提升协同效率、稳定性和可靠性，促进数字平台的灵活性和扩展性，加快企业创新速度。

基于此，本书提出以下命题：

命题 1：数字平台模块化基于近似可分解性和规则设计明确性两大维度积极影响企业创新。

（二）数字平台模块化、跨界搜索和企业创新的关系分析

数字平台模块化的近似可分解性使数字平台可以进行各种形式的扩展和优化，而又不会对平台正常运行产生负面影响（Zhu 等，2020），为跨界搜索行为提供了“活动平台”，促使企业各功能模块实现灵活互联和信息交流，改

善企业创新效率等。数字平台模块的界面、接口等方面的规则设计明确性不仅能够提供共享的接口信息，提升技术标准的兼容性，实现模块间的“即插即用”和专业化分工，提高企业的创新效率；而且规则设计明确性为数字平台提供了通用的架构组件，鼓励企业在数字平台构建过程中采用明确且一致的界面标准，在保证企业实现对已有平台功能有效继承的同时，还能使其数字平台快速开发新功能模块（冯军政等，2022），这对企业降低创新成本和提高创新质量具有重要意义（Gawer，2014）。

本书通过4家案例企业数据的编码与提炼，发现数字平台模块化的近似可分解性和规则设计明确性能够为跨模块边界的搜索行为提供“活动平台”和“搜索渠道”，进而影响平台企业创新。本书整理的“数字平台模块化、跨界搜索和企业创新”典型证据援引如表3－8所示。

表3－8　　数字平台模块化、跨界搜索和企业创新的典型例证

典型例证（部分证据援引）		构念	关系逻辑	构念关系	关系解释
语音识别模块与音频处理模块协同工作，并将音频数据传输给音频处理器，进行特征提取等操作，将结果返回给语音识别模块进一步分析和识别（A－1）	√	近似可分解性	通过跨模块边界的数据搜索与传输，有助于模块充分连接各功能优势，提高企业创新质量	近似可分解性 ↓ 跨界搜索广度 ↓ 创新质量	近似可分解性促进跨模块边界搜索行为，为平台带来异质信息和创新资源，从而提高企业创新质量
	√	跨界搜索广度			
	√	创新质量			
IoT平台上的智能家居、智能工业、智慧交通等各种模块间进行交互，搜索整合数据和设备状态，助力企业挖掘潜在创新机会（B－2）	√	近似可分解性	近似可分解性使模块间松散连接，交流信息和共享知识，及时响应用户需求，为平台带来了广泛的信息流动和创新机会	近似可分解性 ↓ 跨界搜索深度 ↓ 创新质量	近似可分解性促进各层模块连接以充分发挥模块功能优势，提高创新质量
	√	跨界搜索深度			
	√	创新质量			
TT平台推荐算法模块从用户注册登录模块获取基本信息，从内容发布管理模块获取新视频内容（D－1）	√	近似可分解性	近似可分解性可为跨界搜索提供“活动平台”，有助于模块间连接，汲取互补性资源	近似可分解性 ↓ 跨界搜索广度 ↓ 创新速度	近似可分解性使各模块通过跨界搜索，实现相互合作、吸纳异质性资源，加快创新，提升创新速度
	√	跨界搜索广度			
	√	创新速度			

续表

典型例证（部分证据援引）		构念	关系逻辑	构念关系	关系解释
OC 平台数据预处理层的模型训练模块与数据分析层的推理引擎模块跨界连接，模块间通过数据共享方式协同工作，加速创新形成（C-2）	√	近似可分解性	分层的数字平台其模块间弱耦合，模块内节点间联系紧密的结构驱动各层相应模块间快速响应	近似可分解性 ↓ 跨界搜索深度 ↓ 创新速度	近似可分解性使各层模块通过跨界搜索实现快速响应，驱动企业敏捷创新
	√	跨界搜索深度			
	√	创新速度			
智能家居模块 API 定义了设备控制、场景联动、语音识别功能，规定了输入和输出数据格式和协议，确保模块间数据传递和功能调用的准确性，可提高创新质量（A-1）	√	规则设计明确性	通过模块界面和接口规则，实现模块间的有效交互，促进跨模块边界搜索和知识共享，知识的积累加速了创新过程，提高了企业创新质量	规则设计明确性 ↓ 跨界搜索广度 ↓ 创新质量	规则设计明确性有助于模块间交互，促进跨模块边界的知识搜索，加速知识积累，提高创新质量
	√	跨界搜索广度			
	√	创新质量			
各模块交流遵循相同规则，如定义数据命名规则、数据有效范围、交互时序等，更易解析彼此的数据，减少程序错误，提高创新质量及系统稳定性（A-1）	√	规则设计明确性	规则设计明确性能够促进同层、不同层的模块协作和配合，驱动企业提供高质量的产品和服务	规则设计明确性 ↓ 跨界搜索深度 ↓ 创新质量	规则设计明确性为模块的协作提供保障以搜索有效知识，驱动企业创新
	√	跨界搜索深度			
	√	创新质量			
OC 平台在其应用服务层中 AI 算法模块，通过接口与同层的数据管理模块中的设备数据相结合，提高算法创新能力和效果。这种跨模块边界的知识搜索和共享有助于加速创新（C-2）	√	规则设计明确性	规则设计明确性有利于模块有针对性地连接符合自身创新发展所需的合作模块与异质性知识，从而使创新过程更敏捷	规则设计明确性 ↓ 跨界搜索广度 ↓ 创新速度	规则设计明确性有利于模块间开展清晰且有针对性的知识搜索，驱动数字平台企业敏捷创新
	√	跨界搜索广度			
	√	创新速度			
某 APP 相机录制模块将采集到的视频数据传递给系统层的视频编辑模块进行视频处理，在定义好的接口规范和数据格式下高效精准传递数据（D-1）	√	规则设计明确性	明确的模块界面和接口规则能够确保模块间通过明确的数据传递和共享资源方式，实现有效协同工作	规则设计明确性 ↓ 跨界搜索深度 ↓ 创新速度	规则设计明确性能有效驱动模块间的交流，激发模块创新活力，提升企业创新速度
	√	跨界搜索深度			
	√	创新速度			

资料来源：笔者根据案例资料整理得到。

基于此，本书提出以下命题：

命题2：数字平台模块化基于近似可分解性和规则设计明确性两大维度，提高跨界搜索的广度和深度，进而积极影响企业创新。

（三）数字平台治理机制的影响分析

数字平台模块化虽然使数字平台在结构上具有近似可分解性，且模块界面接口具有规则设计明确性，为跨界搜索提供了重要的“基础”，进而为数字平台迭代发展与企业创新提供了便利。但是，在这一过程中，微观跨知识边界的搜索将更加多元化、分散化的知识等搜索对象纳入进来，进一步拓展了企业搜索范围，增加了获取异质性知识资源并应用转化的风险（吕荣杰等，2023）。此外，本书通过对4家案例企业资料数据分析发现：基于数字平台模块化的跨界搜索在作用于企业创新的过程中，存在数据场域风险、知识占有风险和知识配置风险等多种过程风险，而数字平台治理机制的作用在于预防并解决跨界搜索促进企业创新过程中可能涉及的风险，从而更好地实现跨界搜索的价值（王雎，2009；吕荣杰等，2023），本书整理的跨界搜索过程中存在的风险及对应措施典型证据援引如表3－9所示。

表3－9　　基于数字平台模块化跨界搜索过程的典型例证

案例企业	跨界搜索过程中的风险	应对风险的措施
企业A	尽管基于相同的平台界面，处于同一子平台层，模块间也可能存在资源竞争，使创新任务间的有效匹配变得困难（A－1）；随着知识的积累，机遇和利益也相应增多。在关系搭建中，模块间可能会存在恶意竞争和攫取等负面行为（A－1）	［数字平台非正式治理机制］强化模块开发团队之间的合作与沟通，并提供充分的技术支持，促进设备模块内的互联互通，以降低知识差异性带来的配置风险（A－1）。［数字平台正式治理机制］设立审查和许可制度，建立信息安全机制，保护知识产权和数据隐私等（A－2）
企业B	我们团队开发了一项具有商业价值和市场潜力的创新节能技术，别的团队察觉后很可能会尝试通过一些手段获取我们的相关技术知识，而不考虑合作和利益分配，导致团队创新收益无法公平分配，引发利益冲突（B－1）	［数字平台非正式治理机制］持续提供机会，促进不同模块交流，建立紧密联系机制，确保模型运行逻辑和数据透明度，共同突破当前技术瓶颈；双方承诺将发挥各自领域优势，拓展智能家居生态系统版图（B－1）

续表

案例企业	跨界搜索过程中的风险	应对风险的措施
企业 C	在设备内众多连接关系中，如何分配任务，精炼信息是难事（C－1）；多场景融合情况下，不少模块的智慧端口合作连接中，在信息、技术方面只顾自身利益（C－1）	［数字平台正式治理机制］设计监测机制，以及时解决知识占有问题。如利用文本挖掘和自然语言处理技术，扫描和分析相关文字内容，进行评价和讨论以识别是否存在与设备模块知识占有相关的问题（C－1）
企业 D	平台上用户生成的内容包括短视频、评论、点赞等，这些数据可能涉及用户的个人隐私。为了提供个性化的推荐服务和广告投放服务，需要根据用户的兴趣和偏好进行数据分析和处理。然而，如果在模块间数据传输和共享过程中存在安全漏洞或滥用风险，用户的隐私可能会受到侵犯（D－2）	［数字平台正式治理机制］平台对视频的内容和标签信息进行标准化和优化，增加标注的明确性和准确性，并且加强知识更新机制，保证推荐结果的及时性和完整性；平台建立了完善的风险管理和监测机制，针对推荐结果不准确的情况，及时加以处理和优化，并且持续改进算法模型，以提高推荐结果的准确性和稳定性（D－2）

来源：笔者根据案例资料整理得到。

通过对 4 家案例企业的典型例证分析可知，在进行跨模块及节点的搜索过程中，存在多种风险，会对企业创新产生阻碍作用。因此，在通过跨界搜索影响企业创新的过程中，需要将数字平台正式治理机制和数字平台非正式治理机制的完善程度纳入情景考量中，并有效治理和化解上述风险，为基于数字平台模块化的跨界搜索活动提供保障（王雎，2009），促进企业创新发展。

基于上述分析，本书提出以下命题：

命题 3：数字平台治理机制能够调节跨界搜索和企业创新之间的关系。

第五节　理论模型构建

本章在案例分析研究基础上，深入分析了数字平台模块化、跨界搜索、企业创新和数字平台治理机制间的逻辑关系。首先，本章结合 SCP 范式预设了“数字平台模块化（结构）—跨界搜索（行为）—企业创新（结果）”的理论框架。其次，本章基于案例对数字平台模块化和跨界搜索的内涵和维度的剖析与提炼，得到了数字平台模块化包含近似可分解性和规则设计明确性两大维度。其中，数字平台模块化的近似可分解性特征，强调了通过数字化手段解耦数字平台的复杂性关系，消除了平台各模块整合和扩展的时空限制，增强了平台企业的适应性和演化潜力，赋予了平台更高的动态性，使平台能够迅速地吸收新的数据源，整合来自不同模块的功能，敏捷响应需求端的个性化定制等需求。因此，该数字性的模块化特征是平台企业实现持续创新和保持竞争优势的基石。规则设计明确性以互联网实体接口和数据虚拟接口为特征，为模块间的互赖性、适配性、互操作性提供了基础，不同模块之间能够更好地协同工作，这种规范性能有效降低模块合作间的交互成本，促进开放式创新的协作和集成，扩大创新的范围和可能性。跨界搜索包括跨界搜索广度和跨界搜索深度两个维度，跨界搜索广度数字平台各层通过跨模块边界进行搜索、连接。跨界搜索深度强调基于模块化的数字平台不同层级的模块相互嵌套的结构性关系，实现从需求端的抽象接口，逐步跨界深入到各层相应的功能模块的搜索。再次，基于案例研究分析了数字平台模块化、跨界搜索和企业创新之间的关系。近似可分解性允许数字平台的不同功能模块以松散耦合的方式存在，并通过各层模块间的明确联系实现从需求到各层功能模块的逐层搜索，从而提高了平台的服务灵活性和需求响应效率，促进了基于需求端的创新策略，增强了平台的市场响应速度和竞争力（肖红军等，2018）。而且，数字平台模块化为平台企业各功能模块提供了明确的界面接口规则设计，既保证了企业对已有平台功能模块间的有效集成，同时又使平台聚焦相应模块内快速开发新的功能，这对减少企业内部设计多样化，降低创新成本和提高创新质量具有重要意义（段玉婷和王玉容等，2024）。此外，跨界搜索在助力企业创新过程中，可能会出现过度搜索、过度竞争和激励不足等问题，对创新造成损害，因此，需要采用数字平台治理机制规避或降低风险，以进一步实现跨界搜索对企业创新的价值。最后，本章构建了如图 3－3 所示的理论模型，揭示了本书变量间的关系即“数字平台模块化—跨界搜索—企业创新”，并将数字平台治理机制作为调节变量。为后续研究假设的提出和实证分析奠定了理论基础。

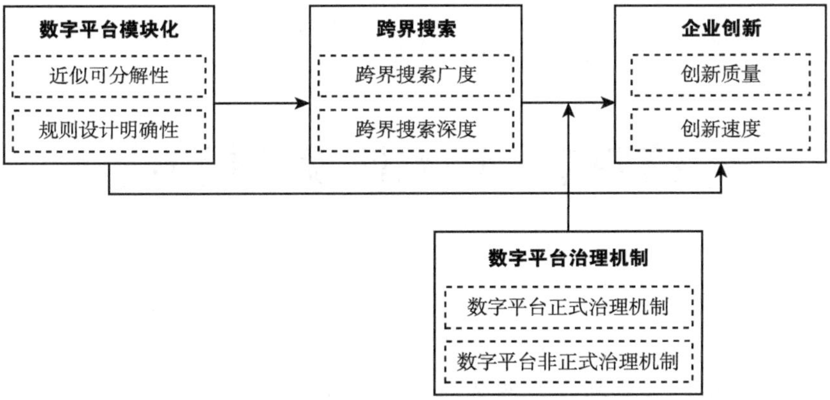

资料来源：笔者根据案例研究设计形成。

图 3-3　基于探索性案例研究构建的理论模型

第六节　本章小结

本章在第二章研究基础上，首先，采用多案例研究方法对数字平台模块化与跨界搜索的本质内涵和维度进行了界定。其次，基于案例数据展开编码分析，通过多个案例间的交互验证了核心构念间的关系，并提出三大研究命题：（1）数字平台模块化基于近似可分解性和规则设计明确性两大维度积极影响企业创新；（2）数字平台模块化基于近似可分解性和规则设计明确性两大维度，提高跨界搜索的广度和深度，进而积极影响企业创新；（3）数字平台治理机制能够调节跨界搜索和企业创新之间的关系。最后，构建了数字平台模块化对企业创新的作用机理模型，为后续研究假设的提出以及实证检验提供了实践例证和理论基础。

第四章　研究假设的提出

本章将根据第三章基于案例构建的理论模型，综合相关理论研究，进一步深化对核心变量间关系的理解，并在此基础上提出具体的研究假设。本章旨在将案例研究中的实践现象与理论框架相结合，从而使研究结论更具有普适性，实现相关理论的升华。

第一节　变量间关系的假设提出

（一）数字平台模块化对企业创新的影响分析及研究假设

数字平台模块化作为企业适应数字化时代和数字经济发展的重要策略，平台企业基于模块化的数字平台以近似可分解性的结构性特征允许平台的不同功能模块以松散耦合的方式存在，并且可以独立更新和扩展，其中各个模块之间存在清晰的平台层级关系（金姝彤等，2021）。规则设计明确性通过强化模块间的适配性，为企业跨界搜索精准匹配供需端，降低跨界搜索的成本，驱动企业快速响应长尾市场的个性化需求。因此，本书认为数字平台模块化有助于实现平台企业创新。下文将进一步通过理论推导，深化对近似可分解性和规则设计明确性与平台创新关系的理解。

1. 近似可分解性与创新质量

创新领域中，近似可分解性可以将问题分解为多个相对独立的子问题，并且这些子问题可以分别解决（郝斌和任浩，2008）。在数字化背景下，数字平台各模块间具有较高的独立性和可替换性，数字平台具有近似可分解性的逻辑，只是在新背景下具有数字化特点。数字平台模块化的近似可分解性允许各个功能模块以松散耦合的方式存在，并且能够独立更新和扩展，提高了平台整体的灵活性和可维护性。同时，各个模块之间的清晰层级关系和联系确保了平台能够高效地处理复杂的任务，满足用户多样化的需求。近似可分解的模块化特征降低了创新过程中的风险和成本，任何一个模块的失败都不会导致整个系统的崩溃（Bladwin 和 Clark，2002）。而且，近似可分解性各层模块间的弱耦合关系促进了平台模块间知识的共享和创新合作，并将创新成果以标准化的方式集成到平台中，从而提高平台的整体性能和平台企业的创新能力。因此，数字平台的近似可分解性为平台企业带来了全新的发展机遇，不仅是实现平台灵活性和可维护性的关键因素，也是推动企业持续创新和发展的重要动力。

2. 近似可分解性与创新速度

王海军和张悦（2018）认为，近似可分解性结构设计使功能模块能够在数字平台上进行数据交换和技术共享等合作，从而形成一种更加清晰合理的“协作与资源共享模式” Chesbrough （2003）。通过这种模式，企业能够降低研发成本并缩短研发周期，进而更加敏捷和高效地开发新产品和服务（魏江等，2009）。而且，这种结构设计有助于企业快速获取市场需求信息和产品研发建议，提高企业的创新速度。近似可分解性使每一子平台层上模块间有效连接，形成创新资源的开放式互动，为模块汲取多方创新资源提供了便捷渠道，实现了模块间的资源交换及模块内的资源涌进，分别促成扩大模块间创新、加速模块内部创新，从而加速平台企业实现整体创新。此外，近似可分解性能够将各层模块进行弱耦合的关系连接，有助于平台企业实现从用户端跨各层相应的功能模块搜索用户需求和市场机会，并将跨层的模块间信息反馈集成到平台底层生产模块，驱动平台企业快速开展适应性创新以积极响应“自上而下”的用户个性化需求。

3. 规则设计明确性与创新质量

数字平台模块化中的规则设计明确性为数字平台的各模块提供了清晰的

接口界面规则，不同于传统工业经济背景下事先设定的模块间的联系方式、协作内容、运行机理及所遵循的基本标准和原则（高若阳，2010），数字经济背景下的规则设计明确性，由互联网实体接口和数据等虚拟接口共同组成，随着用户和市场的变化而灵活变动，使企业内外模块的连接和跨界搜索摆脱了物理时间和地理空间的桎梏，有助于企业在跨界搜索过程中精准匹配、快速连接供需端。具体而言，一方面，规则设计明确性有助于平台企业通过模块接口有效连接互补性功能模块，降低跨界搜索成本，提高跨界搜索效率，进而优化资源配置，积极响应市场需求，实现基于模块化的市场优势和集聚效应（郝斌和任浩，2008）。企业可以基于数字平台模块化优势，实现更具时效性的、与市场和利益相关方需求契合的创新发展。另一方面，规则设计明确性能够推动模块整合（郝斌和任浩，2008），通过跨模块的搜索使各模块知识要素向外扩散，并最终通过模块间互赖关系实现融合。这种融合不是简单的相加，而是异化知识的协同，进而打破思维局限，激发创新活力，推动创新的形成。此外，徐宏玲（2006）指出，模块界面接口的规则设计明确性，使数字平台的发展更具自律性，各个模块在松散且有序的关系中实现高效耦合，为模块的互赖发展提供了动态且有序的创新资源平台，进而提高企业的创新质量。

4. 规则设计明确性与企业创新速度

规则设计明确性体现为接口和界面的标准化，目的在于强化企业数字平台有序性并促进平台各层模块协作。基于模块接口界面的规则设计，确保了模块间的接口数据交换方式的一致性，降低了模块间的兼容风险和交互成本（Baldwin 和 Clark，2000），使平台模块在迭代创新过程中能够保持兼容性与更加灵活的可维护性，缩短了模块开发时间和成本。此外，Tiwana 等（2010）指出，规则设计明确性能够明确各模块的功能特性、交互规则和数据格式等，使模块间更加快速理解彼此功能与创新需求。

由此可见，数字平台模块化的近似可分解性和规则设计明确性能够促进企业的创新质量和创新速度。因此，本书提出以下假设：

H1a：数字平台模块化的近似可分解性对企业的创新质量具有正向影响。

H1b：数字平台模块化的近似可分解性对企业的创新速度具有正向影响。
H1c：数字平台模块化的规则设计明确性对企业的创新质量具有正向影响。
H1d：数字平台模块化的规则设计明确性对企业的创新速度具有正向影响。
数字平台模块化对企业创新影响的理论模型如图 4－1 所示。

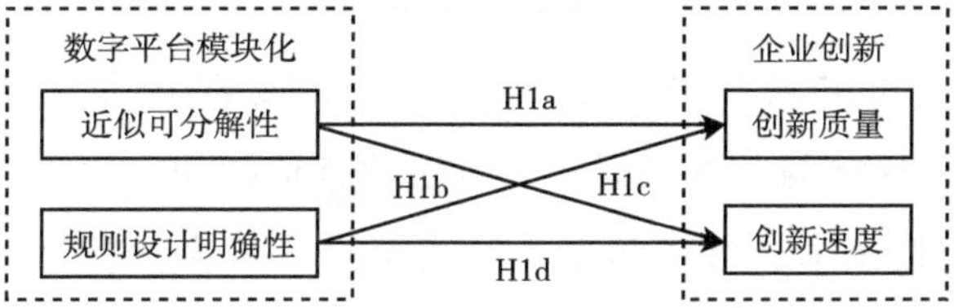

图 4－1　数字平台模块化对企业创新影响的理论模型

（二）跨界搜索对企业创新的影响分析及研究假设

随着数字经济的繁荣发展，大数据、云计算、物联网等新一代信息技术以数据作为独立的生产资料对产业结构进行了调整，形成新的组织间合作、共享和创新关系，组织边界和形式也随之变化。可见，数字经济的发展重塑了企业边界，创新活动突破了原有边界，跨界搜索实现的跨界创新成为新的创新范式（王倩和柳卸林，2023）。功能模块通过跨界搜索，发现外部市场机会和用户需求，开发出高质量的、多元化的创新服务和产品，响应长尾市场中的个性化需求。在此背景下，数字平台为模块的跨界搜索提供了场景，通过跨界搜索，模块能够获得外部异质性资源，积累其创新所需资源，为其所在的平台创新活动提供基础（刘春林和田玲，2021；宋岩和续莹，2023）。跨界搜索作为模块跨越边界获取信息、资源和信息以解决问题或发现机会的过程（解晓晴等，2023），能够充分获取外部技术和服务等知识资源以及市场商业机会等，有效克服了其在创新过程中面临的资源、能力的匮乏障碍，进而促进平台企业创新成果的涌现（金姝彤等，2021）。此外，通过跨界搜索提供多元化的资源渠道，能够有效分散风险，减少资源单一或来源受限而导致的信息孤岛。因此，跨界搜索在资源依赖理论的框架下为平台企业提供了关键性的资源支持，能够进一步克服资源依赖性对平台企业创新的困扰。

因此，本书将进一步系统剖析跨界搜索与平台企业创新间的关系，以跨界搜索广度和跨界搜索深度两维度为切入点，分别展开探讨跨界搜索与企业创新质量和创新速度的关系。具体分析如下：

1. 跨界搜索广度与企业创新质量和创新速度

跨界搜索广度主张突破原有技术轨道，搜索新颖知识（奉小斌等，2021），强调模块连接与其处于同一平台层的其他模块，以便获取更多接触外部异质知识（包括技术、市场和服务等知识）的机会，模块间的松散耦合也能够增加彼此协作，削弱恶意竞争，与平台企业形成完美的关系嵌入（尹航等，2021），从而提高企业的创新质量。模块间广泛的跨界搜索，是为平台企业创新发展提供资源的过程（Huang 等，2013）。总体而言，跨界搜索广度强调各种异质知识的连接渠道，帮助平台各模块进一步克服资源约束和技术不确定性，促进其将要素禀赋快速转化。

奉小斌等（2021）指出，平台上的模块能够通过广泛搜索扫描外部环境，侦测外界隐藏的信息资源和机会，从而帮助平台企业对发展需求快速响应。而且，广泛的搜索有助于同一平台层的模块间形成积极联动，从而快速推动平台企业创新（Snihur 和 Wiklund，2019）。从网络嵌入分析视角来看，跨界搜索广度的增加，加深了模块与平台间的关系嵌入，从而构建起更有利于平台企业创新的内部网络。总体而言，拓展模块的跨界搜索广度，可以形成平台企业中松散耦合的内部网络，深化模块在平台上的关系嵌入，将更多信息交互于平台上，不仅能够促进平台企业创新速度，长期来看，更重要的是可以提升企业创新质量。

2. 跨界搜索深度与企业创新质量和创新速度

跨界搜索深度强调需求从用户到模块再到平台企业多层次传递过程。具体而言，用户层提出需求后先传递到模块层，模块作出相应技术变动后，其结构嵌入的平台技术接口也需要相应变动，从而发生平台层面的系统改变，进而影响平台企业创新质量（奉小斌和周兰，2020）。深度的跨界搜索能增强用户、模块和平台企业全链条上主体间的信任，从而在一定程度上弥补契约缔结的不完备性以及履约过程中所涉及的复杂性等缺陷（Zhu et al.，2019）。本质上，深度搜索降低了用户需求无法响应的可能性，信任关系的形成克服了机会主义行为，并鼓励模块共享隐性知识。这有利于突破“信息包裹”机制，为模块乃至整体企业的发展提供更契合自身发展的创新知识和信息等资源，从而提高平台企业的创新质量（周飞等，2019）。

此外，基于组织学习理论，用户需求从模块最终传递到平台层面也是知识共享的一种机制。如用户对某一模块提出优化需求后，平台企业的研发功能模块间会产生知识交流与共享行为，能有效降低协同创新的时间成本，从而加速企业的研发创新。因此，跨界搜索深度可能是促进平台企业实现快速创新的重要方式之一。

由此可见，跨界搜索中的广度搜索与深度搜索能够促进企业的创新质量和创新速度。因此，本书提出以下假设：

H2a：跨界搜索广度对企业的创新质量具有正向影响。

H2b：跨界搜索广度对企业的创新速度具有正向影响。

H2c：跨界搜索深度对企业的创新质量具有正向影响。

H2d：跨界搜索深度对企业的创新速度具有正向影响。

跨界搜索对企业创新影响的理论模型如图 4－2 所示。

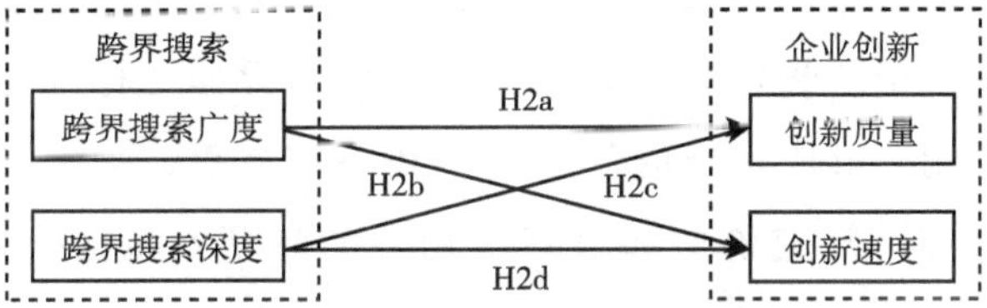

图 4－2　跨界搜索对企业创新影响的理论模型

（三）数字平台模块化对跨界搜索的影响分析及研究假设

模块化的数字平台为跨模块边界的跨界搜索提供了有利的结构条件和规则环境，使平台企业的跨界搜索呈现实时性、精准性、低成本、互动性和衍生性等特征（余东华和马路萌，2024）。数字经济背景下，数字平台的近似可分解性允许平台的不同功能模块以松散耦合的方式存在，并且可以独立更新和扩展。这种特性让平台能够构建一个复杂但有序的体系，其中各个模块之间存在清晰的层级关系和联系，而且各模块能够突破物理时空的限制进行跨模块边界的连接和搜索，灵活地组合与重组各项功能，以应对多样化的需求场景（Gawer，2014）。根据解晓晴等（2023）的研究，数字平台模块化能够基于平台“聚集规模庞大、类型多样的供给方和需求方，表现出开放性与动态性”的特征，简化数字平台内部模块获取异质性资源的复杂多元路径，使各模块在跨界搜索中获得创新发展所需的、异质性的且非冗余的创新资源，构建起丰富的非冗余创新资源池。

此外，数字平台的模块化设计提供了基于标准化规则的模块接口，包括实体和虚拟接口，有助于各模块精准匹配和连接所需功能模块，最大限度地降低了各模块间的相互依赖与技术、组织和人员等差异造成的翻译成本，降低了各模块跨界搜索成本，桥接了所在子平台层的资源归集、业务分工和产品生态等各功能模块（金姝彤等，2021），使模块间实现信息互通。可见，数字平台的模块化可以为跨界搜索提供结构基础与有利环境。

进一步地，交易成本理论框架下，各模块基于模块化的数字平台快速探寻自身发展所需资源和信息，且该资源已经过模块接口的筛选与归纳，能有效降低其在信息搜索方面的成本。金姝彤等（2020）认为，数字平台模块化能够使平台企业基于“透明设计规则”即接口与界面的标准化等方式，将模块合作流程规范化，形成标准的数据交换和协作流程，从而降低模块合作伙伴间的摩擦和冲突，规避价值和目标不相关的问题，降低跨界的谈判成本，有利于其跨界搜索行为。数字平台的模块化兼具数字化、网络化、专业化分工优势，数字平台模块化使创新可以更集中和精准地进行，降低传统一体化平台开发中的复杂性和风险，提高单元模块内部的高度可控性和自主性，使单元模块可以更专注于自身的功能和性能优化，避免在整体开发平台过程中可能出现的协调困难和冲突，降低了跨界搜索的沟通成本和模块的创新成本，加速了创新的推进和落地。总体而言，数字平台模块化有利于跨界搜索行为，数字平台模块化的不同特征对跨界搜索的影响也有所不同。鉴于平台企业自身功能模块间的跨界搜索中，涉及技术、市场和服务等多元异质知识，下文关于各维度阐述中，将这些多元异质知识简称为“知识”以更清晰直接地表达内容，具体如下：

1. 近似可分解性与跨界搜索广度和跨界搜索深度

近似可分解性降低了平台企业所搭建的模块化数字平台的复杂性，为各模块间的跨界搜索行为提供了结构性渠道，是模块通过广泛的跨界搜索获取新知识要素的动力（李彦勇和林润辉，2020），有助于模块探测异质知识元素，驱动其为异质性知识寻找新的知识组织方式。平台企业内部功能模块间的跨界搜索体现为各模块能够更好地掌握平台企业的特性、功能和优势进而有效连接，汲取企业内部各模块的异质性功能信息，促进模块间的广泛搜索。

平台企业内部功能模块间的跨界搜索广度体现为企业基于模块间弱耦合结构更加敏捷地在企业内外的功能模块之间进行搜索、选择，并根据自己的功能需求筛选出最适合连接的功能模块。近似可分解性将平台企业所搭建的数字平台划分为规整的功能模块，简化了平台企业跨界搜索的复杂性，降低了跨模块的跨界搜索广度的成本与风险。数字平台上的功能集合可以被各模块单独构建、拆解、组合和扩展，模块可以根据自身需求选择或连接各单元模块，例如，可以连接或加入研发所需的模块，降低初始研发难度，缩短研发周期并节约资金。加之模块能尝试连接其他模块进行技术试用或测试，避免过度依赖某种技术或市场，从而降低广度搜索的风险。

近似可分解性延续了模块化的优势之一即专业化分工，平台企业同一模块链条下，从需求端到平台终端，拥有相似的知识基，有效避免了各模块之间在跨界搜索获取知识的过程中出现“知识断层”，促进知识在两端之间的有效流动和共享，使需求端的使用体验和改进期望能够及时被模块各层面以及平台企业响应，有利于形成一种知识共享模式，各模块可以利用模块内已有知识，而无须从零开始重复研究和开发，从而拓展跨界搜索的深度，形成自上而下的结构嵌入型关系，推动模块的创新迭代速度，进而正向影响平台企业的创新速度。

2. 规则设计明确性与跨界搜索广度和跨界搜索深度

基于认知加工视角，规则设计的本质是一种显性的、经过编码的架构知识，说明了数字平台上各模块的构成和功能（架构）、各模块间的作用方式（界面）以及衡量各模块绩效的方法（标准），通过对数字平台模块的架构、界面、标准等知识的编码，协调各单元模块协作并行演进（Baldwin 和 Clark，2000；高若阳，2010）。张福学（2002）指出，知识编码作为知识管理系统的实现工具，在存储知识的同时能以简明的方式呈现给使用者，方便合作者或利益相关方使用企业知识。而且，知识编码中的知识地图有助于平台企业各层模块在短时间内找到所需知识资源，是企业模块寻找知识过程处于混乱状态中的一种指引工具，可指导、协助平台企业各模块进行跨模块边界搜索。基于此，本书从以下两个方面解析规则设计明确性与跨界搜索间的关系：其一，规则设计将数字平台各模块间不同类型知识（包括技术、市场和服务等知识）进行编码，使平台模块之间更易理解对方的功能和发展操作，以及各个模块可实现的功能和应用场景，降低模块连接所需资源的难度和复杂度，促进跨模块边界的跨界搜索广度。其二，规则设计可以降低模块搜索的风险。明确的规则设计使模块在连接其他功能模块的过程中能更准确进行风险评估，减少在广泛搜索过程中出现的意外和风险。因此，在数字平台模块化中，注重规则设计的明确性，有利于模块间广泛的跨界搜索，促进平台企业的创新发展。

规则设计通过对平台企业的功能、数据、流程、事件等进行知识建模和规范化，将知识结构化、归档和分类，形成统一的协议标准和交互逻辑，使该平台模块更易理解其他模块的特点、操作过程和应用场景，使其搜索到的知识更为详尽具体，功能模块对搜索到的知识熟悉程度也更高，提高了模块的跨界搜索深度。在数字平台模块化中，规则设计能够将数字平台的功能、流程、事件等复杂知识进行编码和压缩，形成“信息包裹”，“包裹”数字平台的单元模块，能够为各模块提供清晰的知识结构和操作逻辑，从而促进平台模块进行深度搜索和应用外部相似知识。规则设计对平台企业内模块跨界搜索深度的影响可能表现为：一方面，规则设计形成的信息包裹能够提高各功能模块知识的可读性和易理解性，使模块对搜索得到的知识更为熟悉和了解；另一方面，基于认知心理学中的“组织原则”和“习惯性思维”（Sternberg，2003），规则设计明确性将知识和信息按照一定的组织原则进行编码与压缩，使知识之间的联系更为紧密，并基于“习惯性思维”方式降低平台模块使用该知识的认知难度，提高模块对已有知识基附近的知识利用频繁度，促进模块的跨界深度搜索。

由此可见，数字平台模块化的近似可分解性和规则设计明确性能够促进企业跨界搜索的广度和深度。因此，本书提出以下假设：

H3a：数字平台模块化的近似可分解性对跨界搜索广度具有正向影响。

H3b：数字平台模块化的近似可分解性对跨界搜索深度具有正向影响。

H3c：数字平台模块化的规则设计明确性对跨界搜索广度具有正向影响。

H3d：数字平台模块化的规则设计明确性对跨界搜索深度具有正向影响。

数字平台模块化对跨界搜索影响的理论模型如图 4－3 所示。

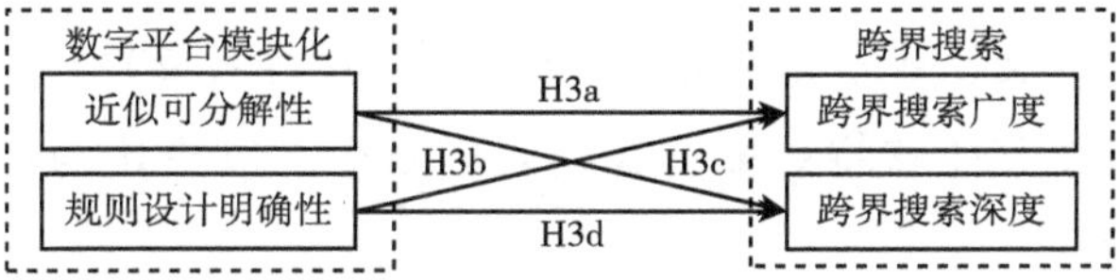

图 4－3　数字平台模块化对跨界搜索影响的理论模型

（四）跨界搜索对数字平台模块化与企业创新的影响分析及研究假设

前文相关经典理论和文献研究表明数字平台模块化对企业创新有积极影响，并分析了双重特征促进企业创新发展的内在机理。而且，数字平台模块化为跨界搜索提供了重要的“活动平台”，跨界搜索是组织（数字平台）良好发展的基础，也是创新产出的重要影响因素（王建军等，2020；奉小斌等，2021）。可见，数字平台模块化与企业创新间不仅存在直接关系，还可能存在数字平台模块化驱动跨界搜索行为而影响创新的中介关系。

模块化的数字平台中，近似可分解性的模块化特征，即多模块构成松散耦合的时空结构，能够极大地拓展平台企业内模块的跨界搜索能力，以提升获取资源的广度和深度，且能极大地降低其获取资源的交易成本。在由各类功能模块组成的模块化数字平台中，各方均携带稀缺资源，且资源之间具有互补性（张镒和刘人怀，2020）。在此情况下，平台企业模块化的数字平台简化了复杂的平台网络，明晰了平台企业内部各功能模块之间的链接关系，加深了模块间的联系，平台企业基于此通过跨界搜索实现资源聚合效应，助力企业创新。如平台企业中，相同或者类似领域内不同产品模块之间的功能链接，跨模块边界整合汲取异质知识，实现平台企业产品的适应性创新；跨模块与需求端的用户模块链接，实现互动式创新等（余东华和马路萌，2024）。

不仅如此，基于数字平台模块化，平台企业还对模块界面接口的规则进行灵活调整和设计，使自身平台各功能模块具备“即插即用”优势，为平台企业模块在跨界搜索中提供了供需匹配功能以撬动平台生态资源；同时界面和接口的规则设计使平台模块在跨界搜寻交易伙伴、与交易伙伴签订资源整合协议等过程中的交易成本大幅降低（张镒和刘人怀，2020），为平台模块的发展节省成本以使其能够将更多资源投入创新中，以模块的创新化推动平台企业的创新活力。

数字平台的模块化以其近似可分解性的特性，降低了平台内部模块对于其余功能模块的跨界搜索成本，扩展了模块可以访问的创新资源库，并基于模块接口界面的规则设计克服模块在跨界搜索中可能出现的信息不对称以及知识外部性问题，从而降低平台模块获取稀缺性外部资源的难度。模块化的数字平台促进了数字平台各模块与需求端、供给端等利益相关者间的跨界搜索与良性互动，为各数字模块搜寻、匹配与整合资源要素进行创新提供了支撑（张小宁，2014）。另外，依托温忠麟等（2004）指出的中介变量使两个变量之间有一定关系，这种关系可能不是直接的，而是需要通过中介过程来实现的理论逻辑。中介变量作为两个相关变量之间关系的媒介或解释作用，有助于更准确地分析两个变量之间的关系机制。

综合上述分析，跨界搜索作为数字平台模块化和企业创新的中介变量，可以更好地理解数字平台模块化如何赋能于平台企业创新。其中，模块化的数字平台以近似可分解性所具有的“内紧密，外松散”耦合关系消解复杂性的模块化特性，分别在不同程度上为平台企业模块跨界搜索深度与广度提供重要的支持，为平台企业创新提供更多非冗余资源。同样地，规则设计使平台内部模块精准识别互补方功能模块等异质性资源，在驱动平台模块通过跨界搜索以汲取、匹配平台模块创新发展所需资源的同时，有效减少了平台模块内部资源内耗。模块界面接口的规则设计为跨界搜索广度与跨界搜索深度提供了标准化的制度基础，助力平台企业创新发展。因此，本书认为双维跨界搜索在数字平台模块化与企业创新的关系中发挥了中介作用。

由此，本书构建出如下关系模型（见图4-4）并提出相应假设：

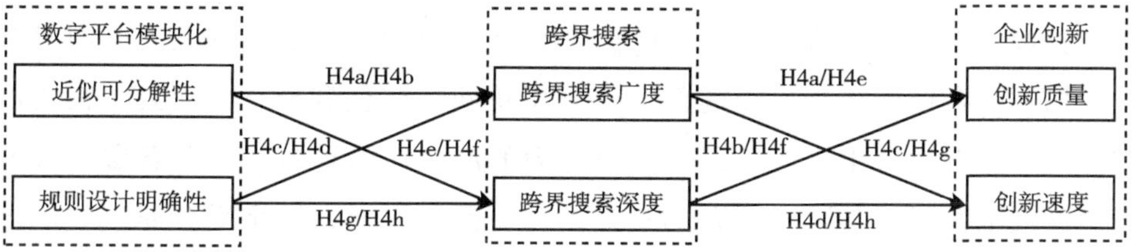

图4-4 跨界搜索的中介作用理论模型

H4a：跨界搜索广度在近似可分解性与创新质量的关系中起中介作用。

H4b：跨界搜索广度在近似可分解性与创新速度的关系中起中介作用。

H4c：跨界搜索深度在近似可分解性与创新质量的关系中起中介作用。

H4d：跨界搜索深度在近似可分解性与创新速度的关系中起中介作用。

H4e：跨界搜索广度在规则设计明确性与创新质量的关系中起中介作用。

H4f：跨界搜索广度在规则设计明确性与创新速度的关系中起中介作用。

H4g：跨界搜索深度在规则设计明确性与创新质量的关系中起中介作用。

H4h：跨界搜索深度在规则设计明确性与创新速度的关系中起中介作用。

（五）数字平台治理机制的调节作用分析及研究假设

数字平台治理机制主要包括数字平台正式治理机制与数字平台非正式治理机制（Sussan和Ace，2017），已成为基于数字平台模块化的跨界搜索行为提升企业创新的重要情景制约因素。与传统提到的交易平台等治理机制相比，数字平台治理机制更加综合和复杂。数字平台不仅提供交易功能，还承担着更多的中介和服务职能，如信息传递、资源配置和模块或社交互动。数字平台治理机制需要考虑更多的因素，如用户和数据隐私保护、内容审核、平台算法和模块管理等（杨亚倩等，2023）。Jap 和 Ganesan（2000）认为治理机制能够在跨界搜索实现创新价值过程中提供有力保障。

结合目前学界对数字平台治理机制的内涵界定与数字平台治理机制对创新活动的有效保障作用，本书认为数字平台治理机制在跨界搜索与企业创新的关系中可能发挥调节作用，主要出于以下考虑：一方面，数字平台正式治理机制可以规范数字平台运行的行为，使数字平台各模块的运作更加透明与合规。数字平台正式治理机制可以保障数字平台的稳定运行和发展，同时有助于构建平台信任机制，提高数字平台模块间的信任和合作。而且，正式治理机制可以有效防止权力寻租等不当行为的滋生，引导数字平台各层模块遵守制度规范，促进其数字平台的良好运行。另一方面，数字平台非正式治理机制包括通过社群或模块互动、用户行为规范和共同价值观等隐性规则来影响和引导数字平台间模块跨界搜索连接，这些因素本身不具有强制力，但在数字平台运行中具有重要影响力，可以帮助数字平台建立共同的文化、理念和价值观，形成自上而下的动力，激发单元模块乃至节点的自我约束与创新。非正式治理机制还可以加强单元模块间的信任和合作，提高协调性和运行效率，促进模块创新，推动数字平台不断适应市场需求，提高平台竞争力和可持续发展能力（刘汉民和张晓庆，2017）。

North（1990）指出，治理机制本质上是数字平台的制度环境通过对模块化赋能企业的过程中实施制约或刺激，进而刺激企业的创新发展。在数字平台背景下，功能模块基于数字平台模块化整合和重组系统资源，激发其跨界搜索行为促进企业创新（Schreiner 等，2009）。然而，模块间不恰当的信息交流和沟通会阻碍彼此对资源特征的了解，甚至在跨平台界面进行模块间跨界搜索连接中，数据被篡改或者丢失，需要基于数字化契约规范模块间跨界搜索过程，为各层模块间的持续互动建立适当的框架、程序、规则和政策（Daniel 等，2020）。Gulati（1998）认为有效的治理机制确保了网络运行的效果，在数字平台模块化背景下，治理机制规范了模块间的价值互动行为，Du 等（2021）通过数据分析发现了治理机制能够有效调节创新资源的互动过程。本书认为，数字平台非正式治理机制对跨界搜索提升企业创新至关重要，可以提供沟通协作或资源调配等非正式治理机制，消解模块间的资源竞争带来的负面影响（彭本红和仲钊强，2021）。

在跨界搜索促进企业的创新发展过程中，需要数字平台正式治理机制如数字契约等，降低各层模块间搜索过程中信息交换障碍以及数据传递过程中被篡改或丢失的风险，进而更好地传递需求端信息，驱动企业快速实现适应性创新。因此，数字平台治理机制使模块间的互动和相互联系更加深入，巩固了数字平台模块化对企业创新的支持渠道，提高了数字平台模块化下跨界搜索对创新效率和效果的影响（Radoslav 等，2012；王建军，2019）。

基于上述分析，本书认为跨界搜索对企业创新的直接影响无法忽视数字平台治理机制完善程度的影响，并根据前文相关分析提出如下假设：

H5a：数字平台正式治理机制完善度增强了跨界搜索广度与创新质量的正向关系。正式治理机制越完善，跨界搜索广度对创新质量的正向影响越强。

H5b：数字平台正式治理机制完善度增强了跨界搜索广度与创新速度的正向关系。正式治理机制越完善，跨界搜索广度对创新速度的正向影响越强。

H5c：数字平台正式治理机制完善度增强了跨界搜索深度与创新质量的正向关系。正式治理机制越完善，跨界搜索深度对创新质量的正向影响越强。

H5d：数字平台正式治理机制完善度增强了跨界搜索深度与创新速度的正向关系。正式治理机制越完善，跨界搜索深度对创新速度的正向影响越强。

H5e：数字平台非正式治理机制完善度增强了跨界搜索广度与创新质量的正向关系。非正式治理机制越完善，跨界搜索广度对创新质量的正向影响越强。

H5f：数字平台非正式治理机制完善度增强了跨界搜索广度与创新速度的正向关系。非正式治理机制越完善，跨界搜索广度对创新速度的正向影响越强。

H5g：数字平台非正式治理机制完善度增强了跨界搜索深度与创新质量的正向关系。非正式治理机制越完善，跨界搜索深度对创新质量的正向影响越强。

H5h：数字平台非正式治理机制完善度增强了跨界搜索深度与创新速度的正向关系。非正式治理机制越完善，跨界搜索深度对创新速度的正向影响越强。

数字平台治理机制对跨界搜索与企业创新的调节作用模型如图 4 – 5 所示。

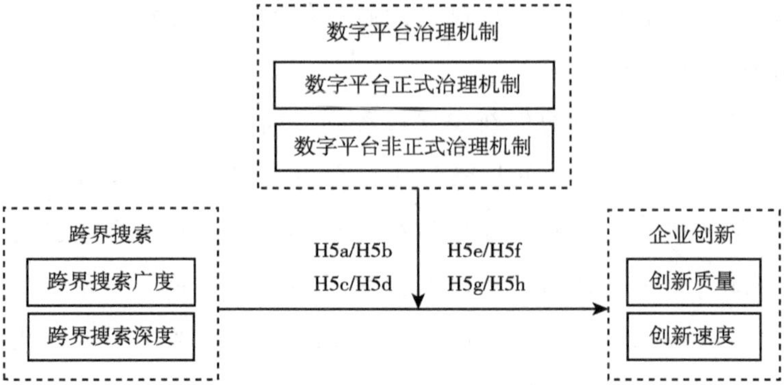

图 4－5　数字平台治理机制对跨界搜索与企业创新的调节作用模型

第二节　假设汇总

基于前文理论推导，本书提出如下假设：数字平台模块化特征对跨界搜索双维度以及企业创新质量与创新速度产生影响；跨界搜索对企业创新有积极影响；跨界搜索在数字平台模块化对企业创新的影响中发挥中介作用；数字平台治理机制能够调节跨界搜索与企业创新双维度间的关系。综上所述，本书研究假设汇总如表 4－1 所示。

表 4－1　研究假设汇总

数字平台模块化对企业创新的影响：
H1a：数字平台模块化的近似可分解性对企业的创新质量具有正向影响。
H1b：数字平台模块化的近似可分解性对企业的创新速度具有正向影响。
H1c：数字平台模块化的规则设计明确性对企业的创新质量具有正向影响。
H1d：数字平台模块化的规则设计明确性对企业的创新速度具有正向影响。
跨界搜索对企业创新的影响：
H2a：跨界搜索广度对企业的创新质量具有正向影响。
H2b：跨界搜索广度对企业的创新速度具有正向影响。
H2c：跨界搜索深度对企业的创新质量具有正向影响。
H2d：跨界搜索深度对企业的创新速度具有正向影响。

续表

数字平台模块化对跨界搜索的影响：
H3a：数字平台模块化的近似可分解性对跨界搜索广度具有正向影响。
H3b：数字平台模块化的近似可分解性对跨界搜索深度具有正向影响。
H3c：数字平台模块化的规则设计明确性对跨界搜索广度具有正向影响。
H3d：数字平台模块化的规则设计明确性对跨界搜索深度具有正向影响。
跨界搜索的中介作用：
H4a：跨界搜索广度在近似可分解性与创新质量的关系中起中介作用。
H4b：跨界搜索广度在近似可分解性与创新速度的关系中起中介作用。
H4c：跨界搜索深度在近似可分解性与创新质量的关系中起中介作用。
H4d：跨界搜索深度在近似可分解性与创新速度的关系中起中介作用。
H4e：跨界搜索广度在规则设计明确性与创新质量的关系中起中介作用。
H4f：跨界搜索广度在规则设计明确性与创新速度的关系中起中介作用。
H4g：跨界搜索深度在规则设计明确性与创新质量的关系中起中介作用。
H4h：跨界搜索深度在规则设计明确性与创新速度的关系中起中介作用。
数字平台治理机制的调节作用：
H5a：数字平台正式治理机制完善度增强了跨界搜索广度与创新质量的正向关系。正式治理机制越完善，跨界搜索广度对创新质量的正向影响越强。
H5b：数字平台正式治理机制完善度增强了跨界搜索广度与创新速度的正向关系。正式治理机制越完善，跨界搜索广度对创新速度的正向影响越强。
H5c：数字平台正式治理机制完善度增强了跨界搜索深度与创新质量的正向关系。正式治理机制越完善，跨界搜索深度对创新质量的正向影响越强。
H5d：数字平台正式治理机制完善度增强了跨界搜索深度与创新速度的正向关系。正式治理机制越完善，跨界搜索深度对创新速度的正向影响越强。
H5e：数字平台非正式治理机制完善度增强了跨界搜索广度与创新质量的正向关系。非正式治理机制越完善，跨界搜索广度对创新质量的正向影响越强。
H5f：数字平台非正式治理机制完善度增强了跨界搜索广度与创新速度的正向关系。非正式治理机制越完善，跨界搜索广度对创新速度的正向影响越强。
H5g：数字平台非正式治理机制完善度增强了跨界搜索深度与创新质量的正向关系。非正式治理机制越完善，跨界搜索深度对创新质量的正向影响越强。
H5h：数字平台非正式治理机制完善度增强了跨界搜索深度与创新速度的正向关系。非正式治理机制越完善，跨界搜索深度对创新速度的正向影响越强。

第三节　本章小结

本章基于第二章理论基础，依托第三章案例研究对核心变量内涵的界定与维度划分进行了本章的规范研究，以深入的理论梳理与缜密的逻辑线条，严格推导了变量间的理论关系，形成了研究假设。具体而言，首先，深入分析了数字平台模块化的双重维度特征对企业创新质量与创新速度的差异化影响；其次，引入跨界搜索行为，考察了跨界搜索的广度与深度对企业创新质量与创新速度的影响，以及数字平台模块化双重维度对跨界搜索的差异化影响，构建了以跨界搜索为中介变量的数字平台模块化对企业创新影响过程机制的研究理论模型；再次，将数字平台治理机制作为情景变量纳入模型中，深入分析了其对跨界搜索与企业创新关系的调节作用；最后，根据对变量间关系的理论推导和假设提出，汇总了本书假设。本章内容为后续实证分析提供了坚实的理论支撑和可靠的理论依据。

第五章　问卷设计与数据收集

第三章和第四章构建了数字平台模块化对企业创新作用机理的理论模型，鉴于数字平台模块化的近似可分解性与规则设计明确性、跨界搜索的跨界搜索广度与跨界搜索深度、企业创新质量和创新速度的公开数据较难获得，本书采用调查问卷法收集实证研究所需数据。为保证调查问卷数据的可靠性和有效性，需要充分重视调查问卷的设计、问卷测试、样本选择、数据收集、数据处理和分析、结果呈现等多方面。本章主要聚焦于问卷设计、变量测量、问卷发放与问卷预测试等方面。

第一节　问卷设计

（一）问卷设计原则

问卷设计作为数据收集的初始步骤，其严谨程度直接关系到研究的可靠性与有效性。本书结合国内外权威文献中对问卷设计流程的把控，认为问卷设计需要遵循以下五大原则：

其一，一致性原则。在问卷设计中题项与研究目标对应是最基本和核心的原则，避免无效和冗余问题，同时也能保证所收集到的数据与分析结果的相关性和准确性。可以通过明确研究目的和研究假设、设计针对问题和受访者特征的提问方式与答题格式、选择合适的语言风格和表达方式、反复修订和检查等步骤确保问题与目的的高度一致。

其二，客观性原则。客观性原则强调问卷设计应该避免出现含义模糊或导向性强的问题，同时也需要采用一些间接性问题以检验受访者所回答数据的真实性。而且在问卷设计中，语言需要明晰且通俗易懂，避免使用过于专业化术语，尽量保证受访者可以理解每个题项问题。通过避免使用模糊或难以理解的词语、避免过于简单或复杂的问题、在发放问卷前进行测试等方式保证调查问卷的易读性。

其三，系统性原则。基于该原则，在设计问卷时，应充分考虑所需收集的信息和数据，确保问题的全面性、代表性和准确性。可以通过评估调查领域明确所需收集的信息和数据；设计题项时充分考虑研究目的，确保问题的全面性和代表性；适当运用开放式问题收集更具深度和细节的信息；反复检查和修改，确保每个题项能够涵盖所需的信息和数据等方式保证问卷的系统全面。

其四，逻辑性原则。在问卷设计时，需要根据问题之间的逻辑关系进行排序和组合，避免出现“间隔”问题。可以采取如下策略保证遵循这一原则：根据研究目的对问题之间的逻辑关系进行排列和组合；进行调查测试，以确保问题排列和布局的合理性；为不同问题类型设置合理的跳题逻辑，避免出现重复或遗漏问题等。

其五，规范性原则。标题、卷首语、基本统计信息、主题调查内容以及问卷结语等，共同构成了符合基本范式的规范调查问卷。本书遵循规范性原则，在问卷设计中纳入上述部分，形成了一份完整、合理和规范的调查问卷。

（二）问卷设计步骤

本书问卷设计包含了从初步探索开始到最终印刷装订的全过程，其涉及以下六大主要步骤及工作内容：准备问卷设计、变量操作处理、探索性工作、构建问卷内容、实施试用和修改、完成问卷打印或印刷。其中，问卷的准备工作包括调查对象、调查范围等信息的确定；变量操作化是指根据已有文献研究确定变量测量题项，并通过通俗语言阐释以使受访者更易理解与作答；探索性工作需要采用非结构式访谈等方式，使问卷设计更贴合实践。设计问卷初稿主要落实问卷所应包含的每项结构性内容；试用与修改，需要通过小范围发放问卷进行预测试，确保问卷的信度与效度；问卷打印，要注意字体等细节内容并进行发放，最后收集清洗数据开展实证研究。

1. 准备问卷设计

（1）明确调查的总体目标。整个问卷的设计工作都是为明晰“数字平台模块化对企业创新的内在作用机理”这一总体目标而进行的。为了确保问卷设计的系统性和周密性，需要在问卷准备阶段明确整个调查的总体目标。这包括确定问卷设计的主要目标、研究假设和关键变量，寻求相关资料以支持假设和变量，分析得到的信息结果，确定研究类型，了解研究样本的特征，选择合适的问卷类型以及设计问卷的使用方法等方面。对这些具体问题的清晰认识有助于确保问卷设计的一致性和完整性。

（2）了解调查对象的基本情况。调查问卷旨在询问被调查者，准确把握问卷将要面向的被调查对象基本情况至关重要。本书针对数字平台模块化等相关的问卷涉及企业战略管理层面，需要对中层和高层管理人员这一职业结构等方面有初步的了解。具体地，为确保问卷的适用性和可操作性，本书选择了来自不同行业的20家数字平台企业作为调查对象，并邀请这些企业的中高层管理者进行访谈。这一选择受益于国家自然科学基金面上项目提供的便利资源，有助于顺利建立联系。

（3）确定所需要的信息范围。在设计问卷之前，需要明确所需的信息范围。一项具体的调查通常围绕特定的问题展开，而这个问题决定了调查所需的信息范围。为了确保问卷设计的准确性，本书在设计问卷前进行了深入的相关文献研究，制定了所需资料的概要，并对每一项进行了反复审查。在确定信息范围时，遵循“由宽到窄，由松到紧”的原则（风笑天，2002），即在问卷设计的初期，尽量扩大相关问题的范围，以覆盖所需测量概念或调查主题的外延。而在后期需要逐一审查并删除与研究不相关或冗余的问题，只保留与研究密切相关的概念和信息。通过保持信息范围的内涵一致性，能够确保问卷设计的逻辑性和准确性。

(4) 确定问卷调查的具体形式。鉴于不同的问卷调查形式在问卷设计要求、问题表达方式、对受访对象的影响以及数据收集难易程度等诸多方面存在差异，因而在设计具体的问卷前，需要明确选择适合的调查形式，只有在确定了调查的具体形式后，才能更加明确地设定问卷的目标，并确保所设计的问卷符合实际调查的需求。本书在问卷的具体调查形式方面，经与课题组负责人商讨，针对距离远的企业采取的是视频会议访谈和邮箱等线上问卷发放形式；部分与课题组合作的企业通过实地访谈和线下问卷发放形式。

2. 探索性工作

探索性工作在调查研究中扮演着关键的角色，它负责将研究从设计阶段有序地过渡到数据收集阶段。这一阶段既是对问题操作化结果的接收，也是数据收集的起点。本书采用非结构化访谈的方法，与不同类型的受访者就研究主题展开交谈和提问并进行比较分析。通过这种方式，不仅能初步了解受访者对问题的提法、语言和可能的回答等方面的印象，还能形成客观有效的认识，例如，问题的数量与顺序、问题和答案的形式，以及如何减少不回答的情况。探索性工作有助于避免后续实际设计工作中的错误，并确保研究的顺利进行，同时保证所收集的数据具备质量和可靠性。具体地，首先，通过文献阅读以及与课题组的探讨，制定访谈提纲（详见附录 1）。其次，实施半结构化访谈，与被访者初步交流研究关注的问题和建议。最后，邀请调查对象填写经过初步修订的调查问卷，并进一步征询他们对问卷的评价和改进建议，完善问卷的结构和内容。经过汇总整理和深入讨论，发现需要参考并修正问卷的建议主要包括：

(1) 在数字平台治理机制中，原有量表有“契约签订是企业平台运行的基础”等 4 个测量题项，在与受访者交流中，高端制造业 Q 企业受访者根据其自身企业平台的状况，认为“平台所拥有的公认认证系统”也属于一种正式的契约治理机制，会影响数字平台模块化赋能企业的过程，因此应将其纳入题项中，作为外部情景影响。

（2）传统制造业M企业的受访者与装备制造行业D企业的受访者均认为“数字平台治理机制”的概念比较复杂难以领会，建议提供易于理解的解释。为此，课题组成员经过多次深入讨论，在文献调研的基础上完善了数字平台治理机制的测量指标，并在最终问卷中简明解释了近似可分解性、规则设计明确性、跨界搜索广度、跨界搜索深度、创新质量、创新速度、数字平台正式治理机制和数字平台非正式治理机制等主要变量概念，以确保通俗易懂。

（3）访谈调研情况总结。通过对访谈调研情况的总结，得出以下结论：首先，企业受访者高度认可研究构念提炼与构念间关系的访谈提纲，进一步验证了本书选题的新颖性和价值性。其次，主要构念量表的内容完备性通过参考成熟量表、征询专家和课题组意见后补充完善，受访者对此表示认同，进一步保证了问卷内容的效度。此外，在当前阶段的访谈中，受访者提供了宝贵的修正建议，涉及首轮问卷题项的场景匹配度及语言表达精确性等方面。这些建议不仅为课题组的研究改进提供了有益帮助，还确保了问卷在实际应用中的可行性和可操作性。

3. 问卷内容构成

（1）问卷结构主要包括卷首语、基本统计信息、问卷主体内容、结束语。首先，卷首语（又叫封面信），这部分需要表达的内容包括：第一，介绍调查的主办单位或调查者身份，有利于与被调查者建立信任关系；第二，说明调查的内容与调查的目的，有利于调动被调查者的积极性；第三，详细阐述选择被调查对象的标准和方法，并展示其与整个调查总体之间的关系；第四，强调对回答的保密处理和匿名性原则的重要性，以减轻被调查者心理上可能存在的压力。其次，论述开展该调查项目的价值和意义，以展示其对研究领域的贡献和相关知识的增进，表示被调查者花时间与精力填写问卷的意义所在。最后，清楚地告诉被调查者无须填写姓名，对匿名的说明和对个人资料严格保密的保证是卷首语中不可缺少的内容。通过卷首语的解释，避免被调查者出于虚假参与动机而导致实际数据产生偏差。

（2）基本统计信息主要包括企业的成立年限、规模、所处行业领域、性质、营业收入，用于评估样本结构合理性。此外，本书设置了问题项以确定被调查者在企业中的职位，保证问卷数据的有用性。

（3）问卷的主体核心内容主要聚焦核心变量的测度，包括自变量数字平台模块化（近似可分解性、规则设计明确性）、中介变量跨界搜索（跨界搜索深度、跨界搜索广度）、因变量企业创新（创新质量、创新速度）和调节变量数字平台治理机制（数字平台正式治理机制、数字平台非正式治理机制）的测度。该部分主要使用了 7 级 Likert 量表评估和测量题项。

（4）问卷结尾表达对调查者的感谢。

第二节　变量衡量

本书涉及的核心变量包括：数字平台模块化（近似可分解性、规则设计明确性）、跨界搜索（跨界搜索广度、跨界搜索深度）、数字平台治理机制（数字平台正式治理机制、数字平台非正式治理机制）、企业创新（创新质量、创新速度）和控制变量，相应量表题项设计具体如下。

（一）数字平台模块化测量

本书根据系统文献梳理和探索性案例分析得到，数字平台模块化的本质属性主要包括结构和规则两方面，结构上具有近似可分解性，规则方面，对接口、界面等进行明确的规则设计。其中：

1. 近似可分解性

根据前文论述，本书将“近似可分解性”定义为，平台企业内部组织系统，所在平台生态系统能被拆分成相对独立、互不影响的单元功能模块，单元模块内部节点紧密联系，单元模块间弱连接且相互影响程度较小。在近似可分解性的测量方面，由于近似可分解性和分权化均强调将整体组织划分为彼此独立且相互协作的部分，在该模式下，每个部分具有一定的自主性，可根据自身的需要和目标进行决策和行动（Teece，2007），有助于提高组织的灵活性、适应性和效率，同时更易迎合多元化的需求；另外，近似可分解性和分权化均强调协同效应和协作方式的重要性，尽管各部分相对独立，但其仍需通过各种机制和渠道进行信息共享、沟通协作以达到整体优化的目的（Lawrence 和 Lorsch，1967）。加之在组织分权化研究的成熟量表（Aiken 和 Hage，1968；Mohr，1971）基础上，高若阳等（2010）通过对概念的全面解释和企业的深度访谈，形成了成熟合理的题项来测量组织系统的近似可分解性。因此，本书在数字平台近似可分解性的测量中深刻借鉴了组织分权化与传统组织模块化研究中涉及近似可分解性的测量量表。此外，鉴于冯军政等（2022）基于数字平台驱动价值创造的逻辑，探究数字平台架构赋能的实证研究量表设计中通用性内涵与本书近似可分解性所表达的模块化特征一致，本书在近似可分解性题项设计中也将其纳入参考范围。因此，本书遵循与近似可分解性内涵及外延一致性的原则，结合现有相关研究的成熟量表，从企业知识独特性、决策独立性、协作程度等方面设计近似可分解性的量表，并经过迭代讨论与修改，形成了如表 5－1 所示的 5 个测量题项。

表 5－1　近似可分解性的测量题项

变量	题项	参考依据
近似可分解性 Approximate Decomposability（AD）	AD1 企业的数字平台上各模块间在工作上有较大的发挥空间	高若阳（2010）；Teece（2007）；冯军政等（2022）；企业访谈反馈；专家组意见与课题组探讨
	AD2 企业的数字平台上各模块所需的专业技能和知识无法相互替代	
	AD3 在很多事情上，企业的数字平台赋予了各模块自主的决定权	
	AD4 企业的数字平台工作任务需要模块内紧密协作才能完成	
	AD5 企业的数字平台上模块能够单独升级而不影响整体系统	

2. 规则设计明确性

数字平台模块化中，规则设计明确性主要针对接口、界面以及架构，描述的是系统内各部分功能的架构、各部分相互作用方式的界面（Bladwin 和 Clark，2000），强调的是数字平台架构性知识被编码化的程度。在变量测度方面，高若阳（2010）对组织模块化中规则设计的测量和冯军政等（2022）在数字平台架构设计中与规则设计相关的测度得到了广泛应用。而且，Zhu 等（2022）、Cenamor 等（2019）、Shaikh 和 Levina（2019）关于数字平台柔性的论述中对通用性和兼容性的测度与本书中规则设计明确性的内涵一致，因此，本书结合上述多方研究对规则设计明确性进行量表设计，并借鉴访谈反馈意见和专家修正建议对规则设计明确性进行了测度，形成了如表 5－2 所示的测量量表。

表 5－2　　规则设计明确性的测量题项

变量	题项	参考依据
规则设计明确性 Rule Design Clarity（RDC）	RDC1 企业的数字平台采用了现有和潜在合作伙伴普遍接受的标准进行设计	Cenamor 等（2019）；Shaikh 和 Levina（2019）；高若阳（2010）；冯军政等（2022）；企业访谈反馈；专家组意见与课题组探讨
	RDC2 企业的数字平台支持互补方功能模块与自身平台模块间的开放连接	
	RDC3 企业的数字平台预留有大量 APIs（应用程序接口）	
	RDC4 企业的数字平台上各模块间的联系有标准的程序和规则	
	RDC5 企业的数字平台各模块的功能规则设计清晰明了	

（二）跨界搜索测量

平台企业基于模块化的数字平台，开展摆脱时空限制的跨企业内外功能模块的跨界搜索，旨在帮助企业发现和获取各功能模块领域的异质性创新知识资源，汲取包括技术、市场和服务等多元创新知识以提高平台企业的竞争力和创新能力。跨界搜索主要包括跨界搜索广度和跨界搜索深度。

1. 跨界搜索广度

具有模块化的数字平台的平台企业进行跨界搜索以实现企业创新发展，其搜索广度指的是平台各层功能模块间广泛地建立多样化的关系以获得异质性资源。跨界搜索广度旨在有效整合平台各层模块间知识、信息和资源，搜索范围跨功能模块以获得新知识和思路，为企业提供更有价值的机会和战略方向。在变量测度方面，Laursen 和 Salter（2006）、Katila 和 Ahuja（2002）关于搜索广度的研究得到了广泛认可与应用，并且，禹献云和周青（2018）针对外部搜索策略的研究与本书所展开的跨界搜索内涵相通。因此，本书结合目前学界对跨界搜索广度的测量，并通过与课题组探讨形成跨界搜索广度的测量量表，如表 5－3 所示。

表 5－3　　　　跨界搜索广度的测量题项

变量	题项	参考依据
跨界搜索广度 Boundary－spanning Search Breadth（SB）	SB1 企业的数字平台功能模块所搜索的知识领域广阔	Laursen 和 Salter（2006）；禹献云和周青（2018）；企业访谈反馈；专家组意见与课题组探讨
	SB2 企业各模块使用的知识搜索通道数量众多	
	SB3 企业内外功能模块间有特定的知识交流行为	
	SB4 各模块连接互补方功能模块以搜索异质性创新知识	

2. 跨界搜索深度

企业在数字平台模块化架构设计下开展跨界搜索，其搜索深度指的是基于数字平台模块化不同层级的模块相互嵌套的结构，为响应用户需求，逐步跨界深入到各层相应的功能模块进行搜索以驱动企业开展适应性创新，快速响应需求端。在变量测度方面，Laursen 和 Salter（2006）、Katila 和 Ahuja（2002）关于搜索深度的研究得到了广泛应用，且苏道明等（2017）针对外部知识搜索的研究与本书所展开的跨界搜索内涵一致。因此，本书结合学界对跨界搜索深度的测量，并通过与课题组探讨形成跨界搜索深度的测量量表，如表 5－4 所示。

表 5－4　　　　跨界搜索深度的测量题项

变量	题项	参考依据
跨界搜索深度 Boundary－spanning Search Depth（SD）	SD1 企业对跨平台各层模块搜索到的知识的利用强度大	Laursen 和 Salter（2006）；苏道明等（2017）；企业访谈反馈；专家组意见与课题组探讨
	SD2 企业的各模块能够深度提取自身特定领域知识	
	SD3 企业基于各层模块间搜索到的知识进行整合	
	SD4 企业专注于在特定的跨子系统层的模块间进行深入且集中的探索活动	

（三）企业创新测量

企业创新是指企业在产品、服务、管理和业务模式等方面引入新想法、新方法或新技术，以提高企业核心竞争力和市场地位。企业创新不仅需要在时间维度上保持高效的创新，而且需要保证创新的质量，才能真正获得竞争优势。因此，本书将企业创新解构为创新质量和创新速度两个维度。

1. 创新质量

本书参照奉小斌等（2021）的测量题项并结合研究情景来测量创新质量。原因在于：首先，本书的调查对象并非全部为上市公司，关于销售收入等方面的测量，在非上市企业的研究中数据获得较为困难；其次，选择专利数量相关的创新产出视角，专利数量的统计较难全面衡量企业某些领域的创新程度，而且专利数量的测量方法可能不一致，导致数据存在误差和不可比性。最后，专利数据的可靠性有限，许多因素会对专利的申请和授权产生影响，包括国家政策、专利审查标准和技术竞争等。因此，本书通过上述成熟题项对创新质量开展问卷调查，其不仅能提供更细致的信息，有助于深入了解调查对象，而且可以获得更全面的数据。本书在借鉴已有成熟量表基础上，结合专家意见与访谈建议设计量表，如表 5－5 所示。

表 5－5　　创新质量的测量题项

变量	题项	参考依据
创新质量 Innovative Quality（IQ）	IQ1 企业在新产品构思方面做得很出色	Haner，2002；奉小斌等（2021）；Molina 等（2009）；弋亚群等（2018）；申静和耿瑞利（2020）；企业访谈反馈；专家组意见与课题组探讨
	IQ2 企业开发的新产品市场前景很好	
	IQ3 企业开发的新产品质量高	
	IQ4 针对市场需求，企业能提出更好的创新方案	

2. 创新速度

创新速度指企业在推出创新产品或服务上所花费的时间。快速的创新有助于企业更快地将创新成果投入市场，并且能够更加灵活地应对变化和挑战。

企业可以通过注重创新管理的优化，加强与市场、客户和合作伙伴的沟通和合作，以及提高组织机构的灵活度和响应能力等方式提高企业的创新速度。在创新速度的测量方面，借鉴奉小斌等（2021）、Molina 等（2009）的研究对创新速度的测量，并参考专家组意见和调查访谈的反馈建议，设计创新速度测量量表，如表 5－6 所示。

表 5－6 创新速度的测量题项

变量	题项	参考依据
创新速度 Innovative Speed（IS）	IS1 企业开发的新产品能在短时间内上市	奉小斌等（2021）；Molina 等（2009）；弋亚群等（2018）；申静和耿瑞利（2020）；企业访谈反馈；专家组意见与课题组探讨
	IS2 企业开发新产品的周期短	
	IS3 企业在产品构思与研发过程中速度快	
	IS4 针对市场需求，企业能很快地提出相应的创新方案	

（四）数字平台治理机制测量

数字平台治理机制是一种综合性管理体系，旨在保障平台企业基于模块化的数字平台开展创新活动，正式治理机制借助数字化技术通过明确规定和制度化来实施管理，而非正式治理机制则通过隐性规则和用户互动来影响和引导行为。

1. 数字平台正式治理机制

数字平台正式治理机制是指通过合同、规则、政策等明确规定的制度和程序来实施对企业跨界搜索过程中风险的管理。这些正式机制包括平台所有者或管理员制定的准则、条款和规章，旨在塑造平台运营规则和保障跨界搜索行为。张丹等（2019）和 Hong 等（2023）的研究，为本书数字平台正式治理机制的测度提供了良好的参考。因此，本书借鉴已有研究的成熟量表，并综合参考在访谈中被调查者给出的反馈意见和专家建议，形成本书数字平台正式治理机制的测量量表，如表 5－7 所示。

表 5－7　　数字平台正式治理机制的测量题项

变量	题项	参考依据
数字平台正式治理机制 Digital Platform Formal Governance Mechanism (DPFGM)	DPFGM1 企业的数字平台遵循完善的正式规则	Wuyts 和 Geyskens（2005）；张丹等（2019）；Hong 等（2023）；企业访谈反馈；专家组意见与课题组探讨
	DPFGM2 企业的数字平台上有公认且完善的认证系统	
	DPFGM3 企业的数字平台上功能模块出现违规行为时数字平台会予以制裁	
	DPFGM4 契约签订是企业数字平台运行的基础	

2. 数字平台非正式治理机制

数字平台非正式治理机制是指通过社群互动、用户行为规范和共同价值观等隐性规则来影响和引导数字平台的运行和参与者行为。这些非正式机制通常是由平台上的用户和参与者自发形成的，并通过社交互动、评价体系和用户协作等方式来实施。本书借鉴 Wuyts 和 Geyskens（2005）、李浩和胡海青（2016）、张丹等（2019）及 Hong 等（2023）对非正式治理机制的测度，并结合专家意见与访谈反馈设计数字平台非正式治理机制的测量题项，如表 5－8 所示。

表 5－8　　数字平台非正式治理机制的测量题项

变量	题项	参考依据
数字平台非正式治理机制 Digital Platform Informal Governance Mechanism (DPIGM)	DPIGM1 企业数字平台中有良好的协调和信息机制	Wuyts 和 Geyskens（2005）；张丹等（2019）；Hong 等（2023）；企业访谈反馈；专家组意见与课题组探讨
	DPIGM2 企业数字平台会通过声誉约束各方投机行为	
	DPIGM3 企业数字平台愿意并积极参与到各方互动中	
	DPIGM4 企业数字平台互惠规范保证交易顺利进行	

（五）控制变量选取

在数字平台模块化赋能企业创新的过程中，数字平台模块化、跨界搜索以及平台治理机制等变量会对其产生影响，在该过程中，一些组织层面的因素也会对创新质量和创新速度产生干扰，这些干扰因素同样需要引起注意。因此，需要确定本书中的控制变量，对这些可能影响研究结果的变量进行控制，以提高研究结果准确性，排除偶然因素干扰，以增强研究可靠性和有效性。

根据已有研究发现，企业年限、企业规模、企业性质、企业主营业务收入和企业所属行业均会对企业数字平台模块化特征、跨界搜索和企业创新产生影响（王思梦，2017）。具体地，企业年限可能会影响企业资源积累和组织结构，从而影响其对数字平台模块化的应用和创新能力；企业规模可能影响其资源配置和市场影响力，从而影响其在数字平台模块化创新方面的投入和表现。企业性质可能反映其组织文化和管理风格，影响企业对数字平台模块化的应用效果；企业主营业务收入可能反映其市场地位，对其在数字平台模块化创新中的投入产生影响；企业所属行业可能带来不同的市场竞争环境，对数字平台模块化的影响也可能存在差异。因此，控制这些变量有助于消除其他因素对数字平台模块化对企业创新发展影响评估的干扰，确保更准确地研究数字平台模块化对企业创新的作用。

第三节 预调研测试

（一）预调研数据收集

基于问卷设计原则和流程，并确保问卷内容的完整性。本书通过文献梳理、访谈反馈、专家建议和课题组探讨等多种方式设计并初步形成调查问卷，并通过小样本开展问卷预测试调研，旨在确保问卷设计符合企业实践的同时，保证问卷题项的表述具有易读性和逻辑性。

预测试的过程包括以下步骤：基于研究目标，有针对性地选择调研企业和受访者，在考虑时间、精力及其他因素的基础上，选取了十余家数字化

（数字平台）企业进行预测试调研。具体流程包括：对被调查对象进行明确定位，聚焦于了解企业数字化战略、数字平台技术等方面的中高层管理者和专业技术人员，以确保问卷预调研的有效性；调研小组明确问卷内容和关键概念，为被调查对象理解问卷并知晓课题组的数据需求提供保障；邀请被调查对象填写问卷并征求改进和完善建议，最终进行信度和效度检验，以确保构念量表的可靠性和有效性。

（二）预调研数据分析

在预调研阶段，依托国家自然科学基金项目中的企业资源和团队合作企业资源，向98位受访者发放了问卷，涵盖了高层管理者、中层管理者和专业人员。其中，向高层管理者分发了38份问卷，向中层管理者分发了35份问卷，向专业人员分发了25份问卷。最终，各层次的被调查人员有效回收的问卷数量分别为27份、30份和20份，总共回收了77份有效问卷。根据这些数据计算，回收率为78.6%。这表明在预调研中，大部分被调查人员都对问卷进行了回复，通过预调研回收到的77份问卷数据开展测试，以保证问卷的有效性和可靠性。

本书利用预测试阶段收集的样本数据，对问卷的信效度进行检验，以全面评估问卷的信度。具体地，本书通过CITC值和Cronbach's α系数作为关键的评价指标。其中，CITC值用于评估问卷中每个题项与其他题项的相关性，并将该题项从总分中剔除后，再重新计算总得分，最后比较删除前后的总分之间的相关系数。一般情况其取值范围为－1—1，若该值趋近于1，则代表该题项与量表间的关联性强，若趋于0，则代表该题项与问卷相关性弱，需要剔除，若趋于－1则代表该题项与量表的关系是负相关的，应该对该题项进行检查与修订，一般而言，CITC的阈值为0.5或以上，表明具有良好的信度。Cronbach's α系数用于评估问卷中各题项之间的内部一致性，反映了题项能否一起或共同地反映出所要测量的概念或维度。Cronbach's α系数的取值范围为0—1，系数越接近1，代表问卷中各题项间的一致性越好，信度越高，反之，越接近0，则代表问卷中各题项间的一致性越差，信度越低。一般而言，

Cronbach's α 系数的阈值为 0.7 或以上，表示问卷具有良好的信度。

本书变量题项主要参考现有成熟量表，并结合专家意见进行了问卷修正，问卷设计具有合理性，保证了问卷的内容效度。在针对问卷的结构效度测试中，主要包括两方面的检验，第一，通过 KMO 检验和 Bartlett 球形检验，评估问卷中各题项间的相关性和因子分析适用性。其中，KMO 值用来确定所选问卷题项之间的充分性和相关性是否足够强，以确定是否适合因子分析。通常认为 KMO 检验的结果在 0.5 以上，若小于 0.5，则不适宜进行因子分析。Bartlett 球形检验是另一种用于因子分析适用性的统计方法，通常使用 P 值大于等于或小于统计学显著性水平（通常为 0.05 或 0.01）进行判断。第二，在通过上述两值判断适合因子分析的前提检验基础上，使用 SPSS 软件进行探索性因子分析（EFA），识别潜在因子，提高问卷结构效度，判断所选择的因子数量的合理性。通过主成分分析法提炼因子，采用最大方差法筛选出特征值大于 1 且因子载荷大于 0.6 的公因子。据此，各主要变量量表的信效度检验结果如下。

1. 数字平台模块化量表的信度与效度检验

根据表 5-9 中使用 SPSS 软件进行的信度分析结果，数字平台模块化量表两个维度的 Cronbach's α 值均超过了 0.7 的阈值，表明其具有良好的内部一致性。此外，各子量表题项的 CITC 值都大于 0.5，表明它们与整个量表的相关性较高。另外，在剔除相关题项后，所得 Cronbach's α 值普遍低于各子量表的 Cronbach's α 值，这也进一步验证了该问卷的可靠性和内部一致性，表明无须删除任何题项，数字平台模块化量表信度较高。

表 5-9　　数字平台模块化量表的信度分析

具体变量	题项	CITC	删除题项后的 Cronbach's α 值	Cronbach's α 值
近似可分解性	AD1	0.901	0.970	0.974
	AD2	0.956	0.963	
	AD3	0.973	0.960	
	AD4	0.892	0.972	
	AD5	0.903	0.971	

续表

具体变量	题项	CITC	删除题项后的 Cronbach's α 值	Cronbach's α 值
规则设计明确性	RDC1	0.892	0.964	0.969
	RDC2	0.958	0.953	
	RDC3	0.923	0.959	
	RDC4	0.906	0.962	
	RDC5	0.874	0.967	

在此基础上，进一步对数字平台模块化量表进行探索性因子分析，相关结果如表 5－10 所示，数字平台模块化量表的 KMO 值为 0.818，Bartlett 球形检验的显著性水平为 0.000，从而确认适宜进行探索性因子分析。基于之前提及的降维因子分析方法，在 SPSS 软件中成功地提取了 2 个特征值大于 1 的因子，其累计方差解释率为 90.194%。而且，所有题项均呈现出高于 0.6 的因子载荷，进一步证实了数字平台模块化量表在结构效度方面的优良表现。

表 5－10　数字平台模块化量表的探索性因子分析

题项	因子 1	因子 2
AD1	0.842	
AD2	0.854	
AD3	0.862	
AD4	0.760	
AD5	0.861	
RDC1		0.777
RDC2		0.858
RDC3		0.812
RDC4		0.759
RDC5		0.879
KMO	0.818	
Bartlett 球形检验	大约卡方	304.815
	df	45
	Sig.	0.000
方差%	46.253	43.941
累计%	46.253	90.194

2. 跨界搜索量表的信度与效度检验

跨界搜索量表的信度分析具体如表 5－11 所示。由 SPSS 软件进行的信度分析结果表明：跨界搜索广度与跨界搜索深度的 Cronbach's α 系数都大于 0.7，且各题项的 CITC 值都大于 0.5。同时，在删除相应题项后所得的 Cronbach's α 值都低于各子量表的 Cronbach's α 系数。表明无须删除任何题项，跨界搜索量表信度较高。

表 5－11　跨界搜索量表的信度分析

具体变量	题项	CITC 值	删除题项后的 Cronbach's α 值	Cronbach's α 值
跨界搜索广度	SB1	0.822	0.928	0.921
	SB2	0.857	0.917	
	SB3	0.869	0.913	
	SB4	0.860	0.916	
跨界搜索深度	SD1	0.720	0.855	0.881
	SD2	0.738	0.849	
	SD3	0.774	0.834	
	SD4	0.738	0.849	

进一步地，对跨界搜索量表进行效度检验，具体结果如表 5－12 所示。跨界搜索量表的 KMO 值为 0.947，Bartlett 球形检验达到 0.000 的显著水平，说明适宜进行探索性因子分析。根据前述主成分分析法以及最大方差法，提取到 2 个特征值大于 1 的因子，相应测量题项的因子载荷均大于 0.6，且其累计方差贡献率为 82.208%，充分证明跨界搜索量表在结构效度方面表现优良。

表 5－12　跨界搜索量表的探索性因子分析

题项	因子 1	因子 2
SB1	0.882	
SB2	0.913	
SB3	0.919	
SB4	0.905	
SD1		0.830
SD2		0.834

续表

题项	因子 1	因子 2
SD3		0.858
SD4		0.847
KMO	0.947	
Bartlett 球形检验	大约卡方	666.422
	df	28
	Sig.	0.000
方差%	76.453	5.773
累计%	76.453	82.208

3. 企业创新量表的信度与效度检验

企业创新量表两个维度各题项的 CITC 值、删除题项后的 Cronbach's α 值以及子量表的 Cronbach's α 值如表 5－13 所示。结果表明：企业创新两个维度的 Cronbach's α 系数均超过 0.7 的阈值，并且每个子量表中各题项 CITC 值均大于 0.5。此外，在删除相应题项后，各子量表的 Cronbach's α 系数均低于未删除题项时的 Cronbach's α 系数，表明无须删除任何题项，企业创新量表信度较高。

表 5－13　企业创新量表的信度分析

具体变量	题项	CITC 值	删除题项后的 Cronbach's α 值	Cronbach's α 值
创新质量	IQ1	0.697	0.865	0.880
	IQ2	0.767	0.837	
	IQ3	0.762	0.838	
	IQ4	0.742	0.846	
创新速度	IS1	0.700	0.866	0.882
	IS2	0.759	0.843	
	IS3	0.783	0.834	
	IS4	0.745	0.850	

基于上述分析，对企业创新量表进行效度分析结果如表 5－14 所示。企业创新量表的 KMO 值为 0.866，Bartlett 球形检验达到了 0.000 的显著水平，说明此量表适宜开展探索性因子分析。根据前文主成分分析法和最大方差法，

提取到2个特征值大于1的因子，二者累计方差贡献率为75.106%，且所含题项因子载荷均大于0.6，证实企业创新量表具有优良的结构效度。

表5-14　企业创新量表的探索性因子分析

题项	因子1	因子2
IQ1	0.719	
IQ2	0.830	
IQ3	0.835	
IQ4	0.799	
IS1		0.780
IS2		0.803
IS3		0.865
IS4		0.741
KMO	0.866	
Bartlett球形检验	大约卡方	461.906
	df	28
	Sig.	0.000
方差%	63.665	11.440
累计%	63.665	75.106

4. 数字平台治理机制的信度与效度检验

数字平台治理机制量表的信度分析具体如表5-15所示。数字平台治理机制两个维度的Cronbach's α系数均超过0.7的阈值，并且每个子量表中各题项的CITC值均大于0.5。此外，在删除相应题项后，各子量表的Cronbach's α系数均低于未删除题项时的Cronbach's α系数，表明无须删除任何题项，数字平台治理机制量表具有较高的信度。

表5-15　数字平台治理机制量表的信度分析

具体变量	题项	CITC值	删除题项后的Cronbach's α值	Cronbach's α值
数字平台正式治理机制	DPFGM1	0.860	0.958	0.959
	DPFGM1	0.917	0.943	
	DPFGM1	0.940	0.934	
	DPFGM1	0.891	0.949	

续表

具体变量	题项	CITC 值	删除题项后的 Cronbach's α 值	Cronbach's α 值
数字平台非正式治理机制	DPIGM1	0.884	0.943	0.955
	DPIGM2	0.913	0.935	
	DPIGM3	0.875	0.946	
	DPIGM4	0.899	0.940	

进一步地，对数字平台治理机制量表开展探索性因子分析，具体结果如表 5-16 所示，其 KMO 值为 0.873，Bartlett 球形检验达到 0.000 的显著水平，说明可以进行探索性因子分析。根据之前的降维因子分析步骤，在 SPSS 软件中成功提取了 2 个特征值大于 1 的因子，且二者累计方差解释率达 89.305%，同时，相应测量题项的因子载荷都大于 0.6，表明数字平台治理机制量表拥有良好的结构效度。

表 5-16　数字平台治理机制量表的探索性因子分析

题项	因子 1	因子 2
DPFGM1	0.803	
DPFGM1	0.848	
DPFGM1	0.883	
DPFGM1	0.858	
DPIGM1		0.772
DPIGM2		0.868
DPIGM3		0.887
DPIGM4		0.773
KMO	0.873	
Bartlett 球形检验	大约卡方	188.814
	df	28
	Sig.	0.000
方差%	46.469	42.836
累计%	46.469	89.305

根据预测试问卷量表信度和效度的检验结果，可以得出结论：本书采用了经过反复论证的成熟量表，并在设计过程中通过领域专家、团队教授以及

课题组硕士和博士的研究意见征询和实地访谈进行了多次修订。经过验证，这些问卷量表在信度和效度方面表现出较高的可靠性和有效性。因此，可以确认这些量表能够满足进一步分析的需求，并为研究提供可靠的数据基础。

第四节　数据收集

正式调研过程中，本书采取了明确的措施以确保所获数据准确且有效。具体地：

第一，设定了调研对象的门槛，并明确了受访者的要求。具体而言，限定正式调查对象为那些对企业整体发展状况和数字战略具有深刻理解的中高层管理人员，以及在企业数字平台架构设计和数字化发展等方面具备专业知识的人员。通过这样的设置，确保被调查对象具备足够的知识和了解，能够提供相对客观的回答。

第二，在数据收集渠道方面，为确保所回收问卷的准确性和有效性，本书采用了多种途径进行数据的收集。具体来说，首先，通过实地调研、电话联系、微信（腾讯）等在线沟通方式以及邮件等，向数字平台企业的管理者和专业人员发送问卷，并回收相关数据。其次，利用随机抽样方法向所在学校的 MBA 学生发放问卷，并借助课题组的社会网络关系，向涉及的多类行业数字平台企业和人员发放电子问卷，获取丰富多元的样本数据。总计发放 557 份问卷，回收到 482 份问卷，回收率达到 86.54%。另外，为确保数据质量，采取逐份筛选的措施对回收的问卷进行严格审查。具体而言，通过对企业高层和专业人员进行实地调研，获得高质量的样本数据。同时，在数据分析过程中，剔除了存在如“漏选”或“错选”等问题的答案残缺或无效的问卷。

第三，针对通过社会网络关系获取的数据，除筛选出回答错误或不完整的数据并将其从结果中剔除之外，本书还采取了进一步的筛选措施，以排除那些在多个题目中呈现出明显规律或所有答案完全一致的无效问卷。其中，错选和漏选是调查问卷中常见的问题。“错选”是指被调查者在填写问卷时误选择了错误的选项或填写了不符合实际情况的答案，而“漏选”则是指被调查者未填写应填选项或遗漏了某些问题的回答。基于以上标准筛选出 394 份有效问卷进行后续的研究和分析，有效回收率达到 81.97%。

第五节　本章小结

本章基于第四章的理论模型，开展了问卷设计、变量测量和数据收集工作。在问卷设计部分，详细阐述了问卷设计的原则和步骤等相关内容。在变量测量部分，采用问卷量表设计来对本书的主要变量进行测量。在数据收集部分，进行了预调研以评估问卷的信度和效度，并对问卷设计进行了修正和完善；在正式调查中，设定了被调查对象，并通过多种渠道发放问卷，最终筛选出符合后续研究需要的数据。

第六章　实证分析与结果讨论

本章主要针对第五章收集的问卷展开数据分析，包括对样本的描述、主要变量的描述性统计分析、问卷数据的检验与信效度分析；并基于此对本书提出的研究假设进行数据检验，最后对数据结果进行讨论和分析。本章旨在以客观数据结果，回应第三章基于案例构建的理论模型并检验第四章经过理论升华提出的具体研究假设。

第一节　描述性统计分析

（一）样本描述

本书获取的样本企业基本信息如表 6-1 所示。统计结果表明，企业年龄不足 5 年的样本企业占比为 15.99%，6—10 年的企业占比达 35.03%，11—20 年和 20 年以上的企业分别占 27.16% 和 21.83%。在企业规模方面，被调查企业中小微企业（100 人以下）的企业数量占比为 20.05%，企业人数在 100—500 人的企业数量占总样本数量的 36.55%，人数在 501—1000 人的企业数量占比为 31.73%。在企业性质方面，被调查企业中民营企业占比较高，占总样本数量的 43.91%，其次是国有企业占比为 20.56%，外资企业和合资企业占比分别为 18.27%、12.18%。从企业所属行业来看，由于本书涉及数字平台，高技术制造业企业的数量明显高于其他行业领域，占比高达 41.88%。在企业主营业务收入方面，主营业务收入规模低于 500 万元，占比为 20.81%，主营业务收入规模在 500 万—1500 万元的企业数量占总样本的 28.68%，主营业务收入规模在 1500 万—2500 万元的数量占比高达 35.278%，主营业务收入在 2500 万元以上的企业占比为 15.23%。

表 6－1　　样本企业特征统计

统计项目	类别	样本量	百分比
企业年限	5 年及以下	63	15.99%
	6—10 年	138	35.03%
	11—20 年	107	27.16%
	20 年以上	86	21.83%
企业规模	100 人及以下	79	20.05%
	100—500 人	144	36.55%
	501—1000 人	125	31.73%
	1000 人以上	46	11.68%
企业性质	民营企业	173	43.91%
	国有企业	81	20.56%
	外资企业	72	18.27%
	合资企业	48	12.18%
	其他	20	5.08%
企业所属行业	高技术制造业	165	41.88%
	传统制造业	132	33.50%
	服务业	67	17.01%
	其他	30	7.61%
企业主营业务收入	低于 500 万元	82	20.81%
	500 万—1500 万元	113	28.68%
	1500 万—2500 万元	139	35.28%
	2500 万元以上	60	15.23%

续表

统计项目	类别	样本量	百分比
受访对象	高层管理者	148	37.56%
	中层管理者	246	62.44%
	基层管理者	0	0
	其他	0	0

此外，由于本书的调查题项涉及企业的战略管理方面，需要通过控制受访者的职位以保证所获数据的质量。如表6－1所示，受访者为高层管理者的占比达37.56%，中层管理者的占比为62.44%，说明本书所采集的问卷数据均由对目标企业情况具有深入了解的中高层管理人员完成，因此这些数据具备较高的可靠性。

（二）主要变量描述性统计分析

在实证研究前需要进行主要变量的描述性统计分析，以概括数据基本特征，评估数据质量，并初步掌握变量间关系。如表6－2所示，本书主要变量在平均值和标准差方面表现良好，表明问卷数据质量较高且适合进行进一步研究分析。此外，Pearson相关系数的分析结果表明主要变量间存在显著相关性，说明其存在一定关联。其中，近似可分解性和规则设计明确性、创新质量和创新速度间均呈显著正向相关性，由此，自变量与因变量之间的主效应假设得到初步验证。数字平台模块化、企业创新、跨界搜索三者关系基本为正相关关系，因此，本书涉及的自变量、因变量和中介变量关系得到初步确认。同时，数字平台治理机制两维度均与数字平台模块化、企业创新的双重维度呈现出显著相关性，与理论假设相一致。此外，通过对主要变量间的相关性和共线性进行评估后发现：本书数据不存在严重多重共线性问题，且适合用于进一步实证研究分析。这一结论基于主要变量间Pearson系数小于0.7以及各回归模型的VIF值未超过3的统计结果。

表 6-2　变量均值、标准差及 Pearson 相关系数

变量	1 近似可分解性	2 规则设计明确性	3 跨界搜索广度	4 跨界搜索深度	5 创新质量	6 创新速度	7 数字平台正式治理机制	8 数字平台非正式治理机制	9 企业年限	10 企业规模	11 企业性质	12 企业所属行业	13 企业主营业务收入
1	1	0.554**	0.630**	0.614**	0.672**	0.582**	0.443**	0.477**	0.073	0.132	0.062	-0.171	0.201
2		1	0.542**	0.533**	0.644**	0.467**	0.498**	0.567**	0.288**	0.225*	0.237*	-0.238*	0.321**
3			1	0.667**	0.513**	0.598**	0.501**	0.526**	0.214*	0.167	0.132	-0.123	0.124
4				1	0.487**	0.595**	0.445**	0.511**	0.218*	0.164	0.154	-0.054	0.174
5					1	0.516**	0.643**	0.598**	0.329**	0.309**	0.059	-0.282**	0.305**
6						1	0.473**	0.435**	0.133	0.090	0.012	-0.034	0.164
7							1	0.612**	0.224*	0.365**	0.110	-0.250*	0.196
8								1	0.131	0.218*	0.112	-0.207	0.169
9									1	0.623**	0.084	0.049	0.448**
10										1	0.111	-0.128	0.541**
11											1	0.167	0.261*
12												1	-0.056
13													1
Mean	4.990	4.960	5.010	5.110	5.570	5.280	5.720	5.530	2.380	2.070	1.830	2.150	2.720
SD	1.028	1.117	1.071	1.191	0.877	0.917	0.917	1.078	0.971	1.009	1.218	0.960	1.138

注：* $p<0.05$，** $p<0.01$（双尾检验），N = 394。

第二节 问卷质量检验

（一）数据正态性检验

数据正态性检验的目的是验证数据是否符合正态分布，以确保合理性假设的成立、参数估计的准确性、假设检验的可靠性，为数据转换和处理提供指导，从而提高统计分析的可靠性和准确性。本书通过偏度和峰度指标进行正态性检验。如表 6－3 所示，本书设计的所有题项偏度绝对值均在小于 3 的阈值标准之下，而峰度绝对值也都在不超过 10 的范围内。这一结果说明数据符合正态分布的要求，因此可以满足后续回归分析的需要。

表 6－3　数据正态性检验结果

变量	平均值	标准差	偏度		峰度	
			统计量	标准误	统计量	标准误
AD1	4.970	1.092	－0.093	0.255	－0.272	0.506
AD2	4.940	1.048	－0.612	0.255	0.375	0.506
AD3	4.890	1.027	－0.799	0.255	1.148	0.506
AD4	4.890	1.038	－0.393	0.255	0.158	0.506
AD5	4.800	0.919	0.147	0.255	－0.114	0.506
RDC1	4.740	1.103	－0.507	0.255	0.917	0.506
RDC2	4.760	1.178	－0.081	0.255	－0.429	0.506
RDC3	4.780	1.136	－0.353	0.255	0.81	0.506
RDC4	5.180	1.029	－0.371	0.255	－0.424	0.506
SB1	5.150	1.072	－0.638	0.255	0.743	0.506
SB2	5.010	1.071	－0.647	0.255	0.183	0.506
SB3	5.420	1.106	－0.375	0.255	－0.492	0.506
SB4	4.810	1.137	－0.089	0.255	－0.051	0.506
SD1	5.290	1.089	－0.285	0.255	－0.625	0.506

续表

变量	平均值	标准差	偏度		峰度	
			统计量	标准误	统计量	标准误
SD2	5.430	1.086	-0.380	0.255	-0.139	0.506
SD3	5.240	1.056	-0.134	0.255	-0.647	0.506
SD4	5.170	1.170	-0.119	0.255	-0.733	0.506
IQ1	5.110	1.191	-0.469	0.255	-0.186	0.506
IQ2	5.650	1.078	-0.376	0.255	-0.679	0.506
IQ3	5.600	0.962	-0.670	0.255	0.342	0.506
IQ4	5.620	1.017	-0.561	0.255	-0.047	0.506
IS1	5.540	0.942	-0.450	0.255	0.322	0.506
IS2	5.070	1.064	-0.890	0.255	1.132	0.506
IS3	5.190	1.127	-0.485	0.255	0.274	0.506
IS4	5.210	1.182	-0.807	0.255	1.152	0.506
DPFGM1	5.100	0.930	0.229	0.255	-0.275	0.506
DPFGM2	5.720	0.917	-0.583	0.255	0.440	0.506
DPFGM3	5.170	0.932	-0.690	0.255	0.799	0.506
DPFGM4	5.660	1.065	-0.842	0.255	0.810	0.506
DPIGM1	5.390	1.062	-0.267	0.255	-0.445	0.506
DPIGM2	5.580	1.096	-0.538	0.255	0.270	0.506
DPIGM3	5.190	1.075	-0.448	0.255	0.491	0.506
DPIGM4	5.530	1.078	-0.743	0.255	0.126	0.506

（二）无回应偏差检验

无回应偏差检验是为了确保样本的代表性、减少内在偏差、评估外部有效性，以提供更准确的结果解释，从而增强调查研究的可靠性和有效性。本书通过对来自不同渠道的数据进行显著性差异检验来排除无回应偏差可能对研究过程和结果的影响。T检验结果表明，不同渠道的数据之间无显著差异，因此这些样本数据可以合并用于后续分析。此外，为了排除潜在的偏倚影响，对前期和后期回收的50份问卷（无回应偏差检验通常会检验前后期相同数量的问卷样本，一般来说，前后期各 50 份问卷是一个较为常见的选择）进行了无偏检验。T 检验结果表明，在 0.001 的显著水平下，所有测量变量中的题项之间没有显著差异，进一步确定所收集的样本数据没有受到共同方法偏差的影响。

（三）共同方法偏差检验

为避免共同方法偏差的影响，首先，本书使用匿名方式，保证被调查者的回答是匿名的，减少被调查者对于社会期望的顾虑，避免其产生某种特定回应模式而引入共同方法偏差。其次，发放的问卷题项使用随机化顺序，每个被调查者回答的顺序是随机的，以减少在回答过程中产生的顺序效应，从而减少共同方法偏差影响。再次，尽可能采用隐含测量方法获取被调查者的真实反映。隐含测量方法可以通过间接方式获取被调查者的态度和行为倾向，减少其对于研究目的的主观干扰。最后，分散数据收集时间，将问卷调查分散在不同时间点进行，避免连续使用相同方法收集数据。通过以上措施，一定程度上降低了可能出现共同方法偏差的风险。此外，为避免数据中潜在共同方法偏差对后续研究结果的影响，本书采用 Harman 单因子检验法。

具体地，本书运用 Harman 单因素检验法以评估数据是否存在共同方法偏差。对主要变量的各题项进行探索性因子分析的结果显示，未进行因子旋转时的第一个因子方差贡献率为 37.423%，低于阈值标准 40%，表明共同方法偏差对后续研究分析的影响不显著；本书通过结构方程模型（SEM）方法对其进行检验。通过拟合多个潜在变量间结构关系，检验共同方法偏差的存在。通过比较具有和不具有共同方法偏差的模型拟合度指标，判断共同方法偏差对模型结果的影响。在不考虑共同方法偏差的模型中，主要拟合指标为：$\lambda^2/df = 1.312$，$RMSEA = 0.06$，$CFI = 0.949$，$IFI = 0.950$，$TLI = 0.944$，加入考虑了共同方法偏差的潜在变量后，模型拟合指标为：$\lambda^2/df = 1.326$，$RMSEA = 0.061$，$CFI = 0.944$，$IFI = 0.945$，$TLI = 0.938$，通过比较潜在变量加入前后两个模型拟合指标，发现整体拟合指标未有明显提升，进一步说明了本书数据并未受到严重的共同方法偏差问题的影响。

第三节 信效度检验

（一）信度分析

信度检验是指问卷的可靠性检验，即测量结果是否可靠一致，常用 CITC 值和 Cronbach's Alpha（Cronbach's α）指标衡量。其中，CITC 值指每个测量项与其他题项总分间的相关系数，用来衡量该值对总分的贡献程度和该项与总分的相关性。CITC 值越高，说明该项和总分的关联程度越高，说明其相对重要，测量出的结果越稳定可靠。在进行信度检验时，通过 CITC 值识别出问卷题项中缺陷较大的项，并针对性进行改进或删除。本书 CITC 值的判别标准借鉴 Bock 等（2005）提出的标准，删除 CITC 值低于 0.5 阈值的题项。Cronbach's α 用于评估问卷各题项间相关性，考察其对潜在变量的解释程度，通常要求 Cronbach's α 值大于 0.7，以确保问卷测量结果的可靠性和数据的可接受性（Bock，2005）。Cronbach's α 值大于 0.8，表明问卷数据良好。主要变量量表信度检验结果如表 6－4 所示。

表 6－4　　主要变量的量表信度分析结果

具体变量	维度	题项	CITC 值	删除题项后的 Cronbach's α 值	Cronbach's α 值
数字平台模块化	近似可分解性	AD1	0.794	0.898	0.917
		AD2	0.765	0.903	
		AD3	0.822	0.892	
		AD4	0.791	0.898	
		AD5	0.773	0.903	
	规则设计明确性	RDC1	0.798	0.905	0.923
		RDC2	0.819	0.901	
		RDC3	0.846	0.895	
		RDC4	0.770	0.911	
		RDC5	0.764	0.912	

续表

具体变量	维度	题项	CITC 值	删除题项后的 Cronbach's α 值	Cronbach's α 值
跨界搜索	跨界搜索广度	SB1	0.822	0.928	0.938
		SB2	0.857	0.917	
		SB3	0.869	0.913	
		SB4	0.860	0.916	
	跨界搜索深度	SD1	0.720	0.855	0.881
		SD2	0.738	0.849	
		SD3	0.774	0.834	
		SD4	0.738	0.849	
企业创新	创新质量	IQ1	0.751	0.855	0.886
		IQ2	0.762	0.850	
		IQ3	0.758	0.851	
		IQ4	0.739	0.859	
	创新速度	IS1	0.767	0.849	0.887
		IS2	0.752	0.855	
		IS3	0.809	0.833	
		IS4	0.698	0.876	
数字平台治理机制	数字平台正式治理机制	DPFGM1	0.868	0.922	0.941
		DPFGM2	0.859	0.924	
		DPFGM3	0.866	0.922	
		DPFGM4	0.860	0.924	
	数字平台非正式治理机制	DPIGM1	0.890	0.910	0.939
		DPIGM2	0.901	0.906	
		DPIGM3	0.812	0.935	
		DPIGM4	0.822	0.932	

具体地，数字平台模块化包含近似可分解性和规则设计明确性。其中，近似可分解性量表的 Cronbach's α 值为 0.917，高于最低可接受阈值标准。该量表各个题项的 CITC 值都高于 0.5 的阈值。在剔除相关题项后，所得 Cronbach's α 值分别为 0.898、0.903、0.892、0.898、0.903，均低于整体量表的 Cronbach's α 值，结果表明，该量表的 5 个测量题项在信度检验标准下表现良好，具备较高的信度水平，因此建议予以保留。规则设计明确性的 Cronbach's α

值为0.923，达到了超过0.8的理想值。该量表各个题项的CITC值均大于0.5。删除题项后所得的Cronbach's α值分别为0.905、0.901、0.895、0.911、0.912，均符合信度检验阈值标准，建议予以保留。

跨界搜索包含跨界搜索广度和跨界搜索深度两个维度。其中，跨界搜索广度的Cronbach's α值为0.938，达到了大于0.8的理想值。该量表各个题项的CITC值都大于0.5。在剔除相关题项后，所得的Cronbach's α值分别为0.928、0.917、0.913、0.916，均低于整体量表的Cronbach's α值，说明该量表的4个测量题项在信度检验标准下表现良好，建议保留。跨界搜索深度的Cronbach's α值为0.881，大于0.7的阈值标准。该量表各题项的CITC值均大于0.5的最低阈值。在删除相应题项后，所得的Cronbach's α值均比整体量表Cronbach's α值小，说明各个题项均宜保留。

企业创新包含创新质量和创新速度两个维度。其中，创新质量的Cronbach's α系数为0.886，大于最低阈值标准。该量表各个题项的CITC值均大于0.5。在删除相应题项后，所得到的Cronbach's α值均低于整体量表的Cronbach's α值，表明这4个题项的信度良好，满足信度检验标准，均予以保留。创新速度的Cronbach's α值为0.887，大于0.7。该量表各题项的CITC值都超过了0.5。整体量表Cronbach's α值大于删除相应题项后得到的Cronbach's α值，表明这4个题项都应该保留。

数字平台治理机制包含数字平台正式治理机制和数字平台非正式治理机制两个维度。其中，数字平台正式治理机制量表在信度方面表现良好，其Cronbach's α系数为0.941，达到了高于0.8的理想状态。该量表中各题项的CITC值均超过了0.5的最低阈值，分别为0.868、0.859、0.866、0.860。在删除相应题项后，各题项的Cronbach's α值分别为0.922、0.924、0.922、0.924，低于该量表整体Cronbach's α系数，说明这4个测量题项通过了信度检验，应保留于量表中。对于数字平台非正式治理机制，其Cronbach's α系数为0.939，高于0.8，达到理想状态。该量表中4个题项的CITC值分别为0.890、0.901、0.812、0.822，均高于阈值0.5。删除相应题项后的Cronbach's α值分别为0.910、0.906、0.935、0.932，均符合信度检验阈值标准，应当保留。

（二）效度分析

效度检验是一种用于评估测量工具是否能够准确反映所测概念或变量的方法，以此提高研究的有效性。参考学界对效度检验的研究，通常会涉及两方面的效度：内容效度和结构效度。其中，内容效度主要关注测量工具的题目本身是否全面反映研究对象的涉及范围，是指测量工具是否测量到了所要测量的内容，这种效度通常通过专家评估、文献综述、实地考察等方式进行验证。结构效度是指测量工具所测量的内容是否符合所研究的概念或变量的内在结构、特点或假设，即是否测量到了所要测量的质量。该效度需要通过因子分析等统计分析的方法进行验证。本书开展的效度检验具体如下：

内容效度。目前，学术界普遍采用定性方法对内容效度进行验证。本书在设计主要变量的量表时，采取了严谨而科学的程序，进行了充分的文献搜索和筛选，结合专家建议、课题组导师及博士研究生的意见以及来自企业管理者的宝贵建议，在问卷修订和预调研阶段，多次修改完善问卷，确保问卷量表能精准表述所要测量的内容。

结构效度。结构效度指的是测量工具所测量的概念结构是否与理论假设的结构一致，包括收敛效度和区分效度两方面。收敛效度是指测量工具中各项之间的相关性是否显著，即测量工具中不同题项所得到的结果是否趋于一致，是否反映了相同的概念或变量。区分效度是指测量工具中与其他概念或变量之间的差异是否显著，即测量工具中的不同题项所得到的结果能否区分出不同的概念或变量。

在预测试阶段，本书通过探索性因子分析法进行量表效度的检验，并进一步通过验证性因子分析检验量表效度。表 6-5 中列出了验证性因子模型的主要指标以评估其拟合度，并采取学界广泛应用的阈值标准进行收敛效度的判定（Fornell 和 Larcker，1981）其中，标准化因子载荷大于 0.5、组合信度（CR）超过 0.7，均方差抽取量（AVE）大于 0.5 时，变量具有良好的收敛效度。鉴于此，研究初步分别检验了数字平台模块化（近似可分解性、规则设计明确性）、跨界搜索（跨界搜索广度、跨界搜索深度）、企业创新（创新质量、创新速度）以及数字平台治理机制（数字平台正式治理机制、数字平台非正式治理机制）等变量收敛效度。

表 6-5　　拟合优度判断标准

参数	值域	理想阈值判定准则
卡方自由度比（λ^2/df）	>0	≤3 拟合良好
近似均方根误差（RMSEA）	>0	≤0.08，越小越好
增值拟合指数（IFI）	0—1	≥0.9，越接近 1 越好
比较拟合指数（CFI）	0—1	≥0.9，越接近 1 越好
Tucker - Lewis 指数（TLI）	0—1	≥0.9，越接近 1 越好

1. 数字平台模块化收敛效度检验

数字平台模块化包括近似可分解性和规则设计明确性两个维度，表 6-6 显示，整体适配性的主要拟合指标均满足规定区间的要求，具体值为：χ^2/df = 1.488，RMSEA = 0.074，IFI = 0.980、CFI = 0.980、TLI = 0.974。进一步地，主要变量收敛效度的检验结果为：近似可分解性和规则设计明确性的标准化因子载荷均大于 0.6 的最低阈值；CR 值分别是 0.878 和 0.929，AVE 值分别是 0.590 和 0.696，均分别达到了 0.7 和 0.5 的最低判定标准。因此，近似可分解性和规则设计明确性变量测量指标的设计具有良好的收敛效度。

表 6-6　　数字平台模块化收敛效度检验结果

<table>
<tr><th>因子</th><th>题项</th><th>因子载荷</th><th>CR</th><th>AVE</th><th>单一适配度</th><th>整体适配度</th></tr>
<tr><td rowspan="5">近似可分解性</td><td>AD1</td><td>0.808</td><td rowspan="5">0.878</td><td rowspan="5">0.590</td><td rowspan="5">χ^2/df = 1.100
RMSEA = 0.034
IFI = 0.998
CFI = 0.998
TLI = 0.997</td><td rowspan="10">χ^2/df = 1.488
RMSEA = 0.074
IFI = 0.980
CFI = 0.980
TLI = 0.974</td></tr>
<tr><td>AD2</td><td>0.791</td></tr>
<tr><td>AD3</td><td>0.764</td></tr>
<tr><td>AD4</td><td>0.798</td></tr>
<tr><td>AD5</td><td>0.673</td></tr>
<tr><td rowspan="5">规则设计明确性</td><td>RDC1</td><td>0.828</td><td rowspan="5">0.920</td><td rowspan="5">0.696</td><td rowspan="5">χ^2/df = 1.420
RMSEA = 0.068
IFI = 0.995
CFI = 0.995
TLI = 0.989</td></tr>
<tr><td>RDC2</td><td>0.808</td></tr>
<tr><td>RDC3</td><td>0.852</td></tr>
<tr><td>RDC4</td><td>0.824</td></tr>
<tr><td>RDC5</td><td>0.857</td></tr>
</table>

2. 跨界搜索收敛效度检验

跨界搜索包括跨界搜索广度和跨界搜索深度两个维度。表 6－7 显示，模型整体适配性的主要拟合指标均落在规定区间范围中，分别为：χ^2/df = 1.105，RMSEA = 0.035，IFI = 0.997、CFI = 0.997、TLI = 0.996，具体而言，主要变量收敛效度的检验结果显示：跨界搜索广度和跨界搜索深度的标准化因子载荷均超过了 0.6 的最低阈值标准，符合可接受的水平；CR 值分别是 0.932 和 0.890，AVE 值分别是 0.775 和 0.670，均达到了 0.7 和 0.5 的最低判定标准。由此可见，跨界搜索广度和跨界搜索深度变量测量指标的设计收敛效度良好。

表 6－7 跨界搜索收敛效度检验结果

因子	题项	因子载荷	CR	AVE	单一适配度	整体适配度
跨界搜索广度	SB1	0.849	0.932	0.775	χ^2/df = 1.450 RMSEA = 0.071 IFI = 0.997 CFI = 0.997 TLI = 0.991	χ^2/df = 1.105 RMSEA = 0.035 IFI = 0.997 CFI = 0.997 TLI = 0.996
	SB2	0.891				
	SB3	0.882				
	SB4	0.899				
跨界搜索深度	SD1	0.804	0.890	0.670	χ^2/df = 1.550 RMSEA = 0.079 IFI = 0.988 CFI = 0.988 TLI = 0.981	
	SD2	0.802				
	SD3	0.833				
	SD4	0.834				

3. 企业创新收敛效度检验

企业创新包括创新质量和创新速度两个维度。表 6－8 显示，模型整体适配性的主要拟合指标均落在规定区间，分别是：χ^2/df = 1.200，RMSEA = 0.048，IFI = 0.991、CFI = 0.991、TLI = 0.988，进一步地，主要变量收敛效度的检验结果为：创新质量和创新速度的标准化因子载荷均大于最低阈值标准；CR 值分别是 0.923 和 0.898，AVE 值分别是 0.750 和 0.693，均达到了 0.7 和 0.5 的最低判定标准。因此，创新质量和创新速度变量测量指标的设计具有良好的收敛效度。

表 6－8　　企业创新收敛效度检验结果

因子	题项	因子载荷	CR	AVE	单一适配度	整体适配度
创新质量	IQ1	0.900	0.923	0.750	$\chi^2/df=1.200$ RMSEA = 0.047 IFI = 0.997 CFI = 0.997 TLI = 0.994	$\chi^2/df=1.200$ RMSEA = 0.048 IFI = 0.991 CFI = 0.991 TLI = 0.988
	IQ2	0.844				
	IQ3	0.873				
	IQ4	0.760				
创新速度	IS1	0.821	0.898	0.693	$\chi^2/df=1.533$ RMSEA = 0.077 IFI = 0.992 CFI = 0.992 TLI = 0.984	
	IS2	0.881				
	IS3	0.952				
	IS4	0.643				

4. 数字平台治理机制收敛效度检验

数字平台治理机制包括数字平台正式治理机制和数字平台非正式治理两个维度。根据表 6－9 的结果可知，整体适配性的主要拟合指标均落在规定范围内，分别为：$\chi^2/df=1.328$，RMSEA = 0.061，IFI = 0.992、CFI = 0.992、TLI = 0.988。进一步地，对主要变量进行收敛效度检验，所得结果为：数字平台正式治理机制和数字平台非正式治理的标准化因子载荷均满足最低阈值标准；CR 值分别是 0.864 和 0.933，AVE 值分别是 0.614 和 0.777，均达到了 0.7 和 0.5 的最低判定标准。因此，数字平台治理机制和数字平台治理机制变量测量指标设计具有良好的收敛效度。

表 6－9　　数字平台治理机制收敛效度检验结果

因子	题项	因子载荷	CR	AVE	单一适配度	整体适配度
数字平台正式治理机制	DPFGM1	0.825	0.864	0.614	$\chi^2/df=1.350$ RMSEA = 0.061 IFI = 0.998 CFI = 0.998 TLI = 0.994	$\chi^2/df=1.328$ RMSEA = 0.061 IFI = 0.992 CFI = 0.992 TLI = 0.988
	DPFGM2	0.824				
	DPFGM3	0.732				
	DPFGM4	0.748				
数字平台非正式治理机制	DPIGM1	0.879	0.933	0.777	$\chi^2/df=1.400$ RMSEA = 0.066 IFI = 0.998 CFI = 0.998 TLI = 0.993	
	DPIGM2	0.875				
	DPIGM3	0.892				
	DPIGM4	0.879				

5. 整体量表收敛效度检验

在对各个变量的测量量表进行收敛效度检验后，本书进一步验证主要变量整体测量量表效度。整体测量模型涵盖了近似可分解性、规则设计明确性、搜索广度、搜索深度、创新质量、创新速度、数字平台正式治理机制和非正式治理机制 8 个变量，通过验证性因子分析测试这 8 大变量的整体测量模型，表 6 - 10 显示，指标值 $\chi^2/df = 1.349$，RMSEA = 0.063，CFI = 0.945，IFI = 0.946，TLI = 0.939，均落在表 6 - 5 中的建议区间内，表明本书整体量表建构效度具有良好的水平。

表 6 - 10　　整体量表收敛效度检验结果

变量	题项	标准化因子载荷	CR	AVE	适配度
近似可分解性	AD1	0.881	0.909	0.668	$\chi^2/df = 1.349$ RMSEA = 0.063 CFI = 0.945 IFI = 0.946 TLI = 0.939
	AD2	0.819			
	AD3	0.816			
	AD4	0.845			
	AD5	0.716			
规则设计明确性	RDC1	0.824	0.902	0.649	
	RDC2	0.814			
	RDC3	0.826			
	RDC4	0.721			
	RDC5	0.778			
跨界搜索广度	SB1	0.803	0.917	0.734	
	SB2	0.868			
	SB3	0.905			
	SB4	0.848			
跨界搜索深度	SD1	0.897	0.907	0.710	
	SD2	0.788			
	SD3	0.911			
	SD4	0.863			
创新质量	IQ1	0.826	0.857	0.602	
	IQ2	0.757			
	IQ3	0.835			
	IQ4	0.678			

续表

变量	题项	标准化因子载荷	CR	AVE	适配度
创新速度	IS1	0.800	0.863	0.612	$\chi^2/df=1.349$ RMSEA = 0.063 CFI = 0.945 IFI = 0.946 TLI = 0.939
	IS2	0.811			
	IS3	0.805			
	IS4	0.709			
数字平台正式治理机制	DPFGM1	0.811	0.939	0.793	
	DPFGM2	0.820			
	DPFGM3	0.973			
	DPFGM4	0.947			
数字平台非正式治理机制	DPIGM1	0.807	0.688	0.898	
	DPIGM2	0.851			
	DPIGM3	0.882			
	DPIGM4	0.773			

进一步地，通过比较各构念 AVE 值的平方根与变量间相关系数，本书对量表的区分效度进行了检验。根据 Fornell 和 Larcker（1981）的建议，当 AVE 的平方根值大于变量间的相关系数时，表明量表有良好的区别效度。本书涵盖了主要变量的测量模型。表 6－11 表明，本书所有变量的 AVE 平方根值均大于它们之间的相关系数，这说明本书所涉及的主要变量在区分效度方面表现较好。

表 6－11　区分效度检验结果

变量	1	2	3	4	5	6	7	8	AVE
1. 近似可分解性	1								0.768
2. 规则设计明确性	0.554**	1							0.834
3. 跨界搜索广度	0.630**	0.542**	1						0.880
4. 跨界搜索深度	0.614**	0.533**	0.667**	1					0.818
5. 创新质量	0.672**	0.644**	0.513**	0.487**	1				0.866
6. 创新速度	0.582**	0.467**	0.598**	0.595**	0.516**	1			0.832
7. 数字平台正式治理机制	0.443**	0.498**	0.501**	0.445**	0.643**	0.473**	1		0.784
8. 数字平台非正式治理机制	0.477**	0.567**	0.526**	0.511**	0.598**	0.435**	0.612**	1	0.881

注：* $p<0.05$，** $P<0.01$（双尾检验），N = 394。

第四节　假设检验

（一）数字平台模块化对企业创新影响的假设检验

本书运用层次回归分析方法对各变量间的假设关系进行检验，具体层次回归步骤如下：

第一，验证数字平台模块化与企业创新质量间的关系。首先，模型 1 中单独纳入本书所涉及的控制变量，以考察其对因变量的影响。其次，基于模型 1，分别纳入近似可分解性和规则设计明确性形成模型 2、模型 3，考察数字平台模块化单维度对企业创新质量的影响。最后，在模型 1 基础上，将近似可分解性和规则设计明确性同时纳入模型 4，旨在研究数字平台模块化双重维度对企业创新质量的不同影响效应。有关它们之间关系的检验结果详见表 6－12。

表 6－12　　数字平台模块化对企业创新影响假设检验结果

变量	因变量 1：创新质量				因变量 2：创新速度			
	模型 1	模型 2	模型 3	模型 4	模型 5	模型 6	模型 7	模型 8
控制变量								
年限	0.255*	0.174	0.114	0.122	0.200*	0.108*	0.058	0.069
规模	0.029	0.050	0.044	0.052	0.035	0.059	0.050	0.060
性质	0.045	0.034	0.013	0.042	0.139*	0.050	0.080	0.044
行业	－0.291*	－0.177*	－0.161	－0.141	－0.156*	－0.028	－0.026	－0.001
收入	0.147	0.700	0.068	0.051	0.083	－0.003	0.004	－0.018
自变量								
近似可分解性		0.623***		0.332***		0.745***		0.595***
规则设计明确性			0.662***	0.468***			0.627***	0.256**
R^2	0.222	0.526	0.599	0.660	0.123	0.635	0.463	0.671
ΔR^2		0.304	0.377	0.438		0.512	0.340	0.548
F	4.744*	17.296***	22.910***	25.379***	2.323*	23.726***	11.795***	23.561***

注：* P＜0.05，** P＜0.01，*** P＜0.001，N＝394。

表6-12的结果显示，模型1整体F值达到0.05显著水平，模型2—模型4的F值达到0.001的显著水平，而且，所有模型的R^2和ΔR^2值均比前一模型有明显提升，有效验证了自变量对因变量的解释力。具体而言，模型1的结果表明，企业规模、性质和收入等控制变量对创新质量的影响不显著（$\beta=0.029$，$P>0.05$；$\beta=0.045$，$P>0.05$；$\beta=0.147$，$P>0.05$），然而，企业年限和行业类型与创新质量之间存在显著相关性（$\beta=0.255$，$P<0.05$；$\beta=-0.291$，$P<0.05$）。这表明企业创新质量受年限和行业类型的影响，在不同条件下可能呈现出差异。

通过在模型1的控制变量基础上引入近似可分解性，模型2独立考察了近似可分解性与创新质量之间的关系。结果显示，模型2通过了整体显著性检验（$F=17.296$，$P<0.001$），且该模型整体的解释力增加了30.4%。表6-12的结果显示，引入近似可分解性后，发现企业所属行业对创新质量仍然具有显著影响（$\beta=-0.177$，$P<0.05$），而企业的年限、规模、性质和收入对创新质量并没有显著影响。同时，近似可分解性对企业创新质量的回归系数为0.623（$P<0.001$），表明数字平台模块化的近似可分解性对企业的创新质量具有正向影响，假设H1a通过检验。

由模型3可得，将规则设计明确性加入模型1后，模型3的F值为22.910，在0.001水平上显著，并解释了创新质量37.7%的变异，说明规则设计明确性对创新质量具有较强的解释力。模型3中控制变量对创新质量均没有显著影响。规则设计明确性的回归系数为0.662（$P<0.001$），表明数字平台模块化的规则设计明确性越高，创新质量越好，假设H1c得到支持。

由模型4可知，当将近似可分解性和规则设计明确性同时纳入模型1时，模型4的R^2为0.660，ΔR^2为0.438，F值达到0.001的显著性水平。因此可以得出，模型的整体回归效果和解释效果表现良好。近似可分解性和规则设计明确性对创新质量产生了显著的差异性影响，规则设计明确性对创新质量的影响（$\beta=0.468$，$P<0.001$）高于近似可分解性的影响（$\beta=0.332$，$P<0.001$）。

第二，验证数字平台模块化与企业创新速度间的关系。首先，模型5中单独纳入本书所涉及的控制变量，以考察其对因变量创新速度的影响。其次，将近似可分解性和规则设计明确性纳入模型5中形成模型6、模型7，考察数字平台模块化单维度对企业创新质量的影响。最后，在模型 5 基础上，将近似可分解性和规则设计明确性同时纳入模型 8，以考察数字平台模块化双重维度对企业创新速度的不同作用。其间关系检验的结果具体见表 6 – 12。

模型 5 整体显著性检验的 F 值达到了 0.05 的显著性水平，模型 6—模型 8 的 F 值均达到 0.001 的显著性水平，所有模型 R^2 和 ΔR^2 值均高于上一模型，说明自变量对因变量具有良好的解释力。具体而言，模型 5 中的企业规模和收入两控制变量对创新质量均无显著影响（$\beta = 0.035$，$P > 0.05$；$\beta = 0.083$，$P > 0.05$）；而企业年限、企业性质、所处行业与创新速度显著相关（$\beta = 0.200$，$P < 0.05$；$\beta = 0.139$，$P < 0.05$；$\beta = -0.156$，$P < 0.05$），即企业创新速度会受到企业年限、企业性质和企业所属行业的影响，在不同条件下可能呈现出差异性。

在引入近似可分解性后，模型 6 达到了 0.001 的显著水平（$F = 23.726$，$P < 0.001$），且该模型的 R^2 较模型 5 增加了 0.512，即近似可分解性能够解释创新速度变化的 51.2%，这说明近似可分解性对企业创新速度具有显著的解释能力和影响力，结果支持了假设 H1b。将规则设计明确性纳入模型 5 形成模型 7，以考察其与因变量的关系。模型 7 的 F 值为 11.795 并达到了 0.001 的显著性水平，相较于模型 5，该模型的 R^2 增加了 0.340，即规则设计明确性能够解释创新速度变化的 34%。表明数字平台模块化的规则设计明确性对创新速度具有正向影响，假设 H1d 得到支持。

模型 8 在模型 5 的基础上同时纳入近似可分解性和规则设计明确性，考察数字平台模块化对创新速度的影响。结果表明，模型 8 的 R^2 为 0.671 且 R^2 相较于模型 5 增加了 0.548，F 值是 23.561 并达到了 0.001 显著性水平。因此可知，模型整体回归效果良好，解释力较强。近似可分解性和规则设计明确性对创新速度产生了显著的差异性影响，近似可分解性对创新速度的影响（$\beta = 0.595$，$P < 0.001$）高于规则设计明确性的影响（$\beta = 0.256$，$P < 0.01$）。

（二）跨界搜索对企业创新影响的假设检验

本书针对跨界搜索与企业创新关系的假设进行检验，其具体层次回归步骤如下：

第一，探究跨界搜索与企业创新质量间的关系。首先，模型 1 仅纳入本书涉及的控制变量，考察控制变量对因变量的影响。其次，基于模型 1，分别纳入跨界搜索广度和跨界搜索深度形成模型 2、模型 3，考察跨界搜索单维度对企业创新质量的影响。最后，在模型 1 基础上，将跨界搜索广度和跨界搜索深度两个自变量同时纳入模型 4，旨在研究跨界搜索双重维度对企业创新质量的差异化影响。通过对跨界搜索广度和跨界搜索深度与企业创新质量之间关系的检验，得出了相应结果，如表 6 – 13 所示。

表 6 – 13　　　　跨界搜索对企业创新影响假设检验结果

变量	因变量 1：创新质量				因变量 2：创新速度			
	模型 1	模型 2	模型 3	模型 4	模型 5	模型 6	模型 7	模型 8
控制变量								
年限	0.255*	0.154	0.193*	0.161*	0.309*	0.016	0.061	0.025
规模	0.029	0.020	−0.026	0.001	−0.075	−0.044	−0.099	−0.068
性质	0.045	0.020	−0.058	−0.016	0.056	−0.057	−0.152*	−0.105*
行业	−0.291*	−0.082	−0.094	−0.075	−0.219*	0.045	0.033	0.054
收入	0.147	−0.008	0.098	0.029	0.178	0.014	0.141*	0.063
自变量								
跨界搜索广度		0.747***		0.462***		0.865***		0.430***
跨界搜索深度			0.710***	0.322***			0.899***	0.518***
R^2	0.222	0.665	0.641	0.685	0.189	0.757	0.773	0.815
ΔR^2		0.443	0.419	0.463		0.568	0.584	0.626
F	4.744*	30.053***	27.199***	28.395***	3.867*	46.583***	50.976***	56.367***

注：* $P<0.05$，** $P<0.01$，*** $P<0.001$，$N=394$。

根据表 6 – 13 的结果，模型 1 的整体显著性检验 F 值达到 0.05 的显著水平，模型 2—模型 4 的 F 值均达到了 0.001 的显著性水平。此外，相较于前一模型，所有模型的 R^2 和 ΔR^2 值均有所提升，这说明自变量对因变量具有良好的解释力。

具体而言，模型1结果显示，本书涉及的企业规模、性质和收入等控制变量对创新质量的影响不显著（$\beta=0.029$，$P>0.05$；$\beta=0.045$，$P>0.05$；$\beta=0.147$，$P>0.05$）。然而，控制变量中的企业年限和行业类型与创新质量之间存在显著相关性（$\beta=0.255$，$P<0.05$；$\beta=-0.291$，$P<0.05$）。这意味企业年限和行业属性会对企业创新效果产生一定影响，且不同条件下对创新质量的影响呈现差异性。将跨界搜索广度纳入模型1，考察其与创新质量之间的关系。纳入该变量后，模型2通过了整体显著性检验（$F=30.053$，$P<0.001$），且模型整体的解释力提升了44.3%。表6－13显示，引入跨界搜索广度后，控制变量对因变量创新质量均没有显著影响。同时，跨界搜索广度对企业创新质量的回归系数为0.747（$P<0.001$），表明跨界搜索广度对企业的创新质量具有正向影响，假设H2a通过检验。

将跨界搜索深度纳入模型1中，考察其与创新质量之间的关系。模型3的F值为27.199，通过了0.001的显著性检验。而且，相较于模型1，模型3的R^2增加了0.419，即自变量能够解释因变量41.9%的变异，这进一步说明跨界搜索深度对创新质量具有较强的解释能力。模型3中控制变量除企业年限外，均对创新质量均没有显著影响。跨界搜索深度的回归系数为0.710（$P<0.001$），表明跨界搜索深度越高，创新质量越好，假设H2c通过检验。

将跨界搜索广度和跨界搜索深度同时引入模型1，考察跨界搜索的两个维度对创新质量的影响，结果如下：模型4的R^2为0.685，R^2相较于模型1提升了0.463，F值是28.395，达到了0.001显著性水平，因此，模型整体回归效果良好，解释力较强。跨界搜索广度和跨界搜索深度对创新质量产生了显著的差异性影响，跨界搜索广度对创新质量的影响（$\beta=0.462$，$P<0.001$）高于跨界搜索深度的影响（$\beta=0.332$，$P<0.001$）。

第二，探究跨界搜索与企业创新速度间的关系。首先，将本书涉及的控制变量单独纳入模型中，形成模型5以考察控制变量对创新速度的影响。其次，基于模型5，分别纳入跨界搜索广度和跨界搜索深度形成模型6、模型7，考察跨界搜索各维度对企业创新速度的影响。最后，基于模型5，同时纳入跨界搜索广度和跨界搜索深度形成模型8，旨在考察跨界搜索的双重维度对企业创新速度的差异化影响。二者之间关系的检验结果如表 6－13 所示。从表中可以看出，模型 5 的 F 值达到了 0.05 的显著性水平，而模型 6—模型 8 的 F 值均通过了 0.001 的显著性检验。而且，所有模型的 R^2 和 ΔR^2 值相较于前一个模型都有显著提升，进一步表明自变量跨界搜索对因变量企业创新具有良好的解释能力。

具体地，模型 5 实证结果表明，企业规模、性质、收入等控制变量对创新速度没有显著性影响（$\beta=-0.075$，$P>0.05$；$\beta=0.056$，$P>0.05$；$\beta=0.178$，$P>0.05$），企业年限、行业类型与创新速度呈显著相关性（$\beta=0.309$，$P<0.05$；$\beta=-0.219$，$P<0.05$），这意味着不同行业、不同年限下会表现出不同的创新速度效果。

在模型 5 中纳入跨界搜索广度形成模型 6，考察其与因变量的关系。模型 6 的 F 值为 46.583 并达到 0.001 显著性水平，而且，相较于模型 5，模型 6 的 R^2 提高了 0.568，即跨界搜索广度能够解释创新速度变化的 56.8%。模型 6 中控制变量除企业性质和收入外，均对创新速度没有显著影响。跨界搜索广度的回归系数为 0.865（$P<0.001$），表明跨界搜索中的跨界搜索广度对企业的创新速度具有正向影响，假设 H2b 得到支持。

由模型 7 可知，在模型 5 中纳入跨界搜索深度，单独考察其与创新速度间的关系。模型 7 在 0.001 的显著性水平上通过了整体显著性检验（$F=50.976$，$P<0.001$），且该模型整体的解释力增加了 58.4%，进一步验证了跨界搜索深度对创新速度具有良好的解释力。表 6－12 的结果显示，引入跨界搜索深度后，控制变量对因变量创新速度均没有显著影响。同时，跨界搜索深度对企业创新速度的回归系数为 0.899（$P<0.001$），表明跨界搜索深度越高，企业的创新速度越快，假设 H2d 得到支持。

同时将跨界搜索广度和跨界搜索深度纳入模型 5 形成模型 8，考察跨界搜索对创新速度的影响。结果显示，模型 8 的 R^2 为 0.815，相较于模型 5，其 R^2 提高了 0.626，F 值为 56.367，通过了 0.001 的显著性检验。因此，模型整体回归效果较好，而且解释能力良好。跨界搜索广度和跨界搜索深度均对创新速度产生了显著的影响，但跨界搜索广度对创新质量的影响（$\beta=0.430$，$P<0.001$）低于跨界搜索深度的影响（$\beta=0.518$，$P<0.001$）。

（三）数字平台模块化对跨界搜索影响的假设检验

关于数字平台模块化对跨界搜索影响假设检验，本书具体层次回归步骤如下：

第一，探究数字平台模块化与跨界搜索广度间的关系。首先，将控制变量纳入模型中，形成模型 1 以考察其对因变量的影响。其次，分别将近似可分解性和规则设计明确性纳入模型 1，形成模型 2、模型 3，考察数字平台模块化单维度对跨界搜索广度的影响。最后，在模型 1 基础上，将近似可分解性和规则设计明确性同时纳入模型 4，旨在研究数字平台模块化双重维度对跨界搜索广度的差异化影响。根据表 6－14 的结果，模型 1 的 F 值达到了 0.05 的显著性水平，模型 2—模型 4 的 F 值分别达到了 0.001 的显著性水平。此外，所有模型的 R^2 和 ΔR^2 值均比模型 1 有明显提升，说明自变量对因变量具有良好的解释力。

表 6－14　　数字平台模块化对跨界搜索影响假设检验结果

变量	因变量 1：跨界搜索广度				因变量 2：跨界搜索深度			
	模型 1	模型 2	模型 3	模型 4	模型 5	模型 6	模型 7	模型 8
控制变量								
年限	0.245	0.108	0.152	0.119	0.167*	0.068	0.023	0.035
规模	-0.064	-0.049	-0.040	-0.039	0.021	0.047	0.037	0.048
性质	0.152*	0.096	0.063	0.058	0.127*	0.032	0.068	0.027
行业	-0.235*	-0.110*	-0.106*	-0.083	-0.230*	-0.092	-0.099	-0.070
收入	0.063	0.014	0.025	-0.037	0.083	-0.010	0.003	-0.023
自变量								
近似可分解性		0.605***		0.213*		0.801***		0.677***
规则设计明确性			0.753***	0.628***			0.634***	0.212**
R^2	0.126	0.442	0.648	0.673	0.122	0.692	0.431	0.715
ΔR^2		0.316	0.522	0.547		0.570	0.309	0.593
F	2.387*	10.832***	25.214***	23.861***	2.310*	33.960***	12.103***	32.549***

注：* $P<0.05$，** $P<0.01$，*** $P<0.001$，$N=394$。

具体而言，模型1中，企业年限、规模、收入等控制变量对跨界搜索广度均无显著影响（$\beta=0.245$，$P>0.05$；$\beta=-0.064$，$P>0.05$；$\beta=0.063$，$P>0.05$），但企业性质和行业类型与跨界搜索广度呈显著相关性（$\beta=0.152$，$P<0.05$；$\beta=-0.235$，$P<0.05$），意味着不同企业性质和行业类型下对跨界搜索广度的需求和影响有所差异。

将近似可分解性纳入模型1，考察其与跨界搜索广度的关系。引入这一变量后，模型2通过了0.001的显著性检验（$F=10.832$，$P<0.001$），且该模型整体的解释力提高了31.6%。表6-14表明，引入近似可分解性后，控制变量除企业所处行业外，对因变量均没有显著影响。同时，近似可分解性对跨界搜索广度的回归系数为0.605（$P<0.001$），表明近似可分解性对跨界搜索广度具有正向影响，假设H3a通过检验。

将规则设计明确性纳入模型1，考察其与跨界搜索广度的关系。与模型1相比，加入规则设计明确性变量后的模型3在0.001显著水平上通过显著性检验，即规则设计明确性越高，跨界搜索广度越大，假设H3c通过了检验。将近似可分解性和规则设计明确性同时引入模型1，形成模型4，考察数字平台模块化对跨界搜索广度的影响。结果显示，模型4的R^2值为0.673，R^2相较于模型1增加了0.547，F值是23.861（$P<0.001$）。因此，模型整体回归效果良好，而且解释能力较强。近似可分解性对跨界搜索广度产生的影响（$\beta=0.213$，$P<0.05$）低于规则设计明确性对跨界搜索广度产生的影响（$\beta=0.628$，$P<0.001$）。

第二，探究数字平台模块化与跨界搜索深度间的关系。首先，将控制变量单独纳入模型中，形成模型5以考察它们对因变量的影响。其次，分别将近似可分解性和规则设计明确性纳入模型5，形成模型6、模型7，考察数字平台模块化单维度对跨界搜索深度的影响。最后，基于模型5，同时纳入近似可分解性和规则设计明确性形成模型8，旨在研究数字平台模块化双重维度对跨界搜索深度的差异化影响。根据表6-14的结果，模型5通过了整体显著性检验（$P<0.05$），模型6—模型8的F值也均通过了显著性检验（$P<0.001$）。此外，相对于模型5，模型6—模型8的R^2值均有明显提高，这说明自变量对因变量具有良好的解释力度。

具体而言，模型 5 中，企业规模和收入两个控制变量对跨界搜索深度无显著影响（$\beta=0.021$，$P>0.05$；$\beta=0.083$，$P>0.05$），控制变量年限、性质和行业类型与跨界搜索深度显著相关（$\beta=0.167$，$P<0.05$；$\beta=0.127$，$P<0.05$；$\beta=-0.230$，$P<0.05$），这意味着企业年限、企业性质以及所处行业均会对企业的跨界搜索深度产生影响，并表现出不同的跨界搜索深度效果。

将近似可分解性单独纳入模型 5 中，形成模型 6，考察其与跨界搜索深度间的关系。纳入该变量后的模型 6，通过了整体显著性检验（$F=33.960$，$P<0.001$），且整体解释力提高了 57%。根据表 6－14 可知，引入近似可分解性后，控制变量对因变量均没有显著影响。同时，近似可分解性对跨界搜索深度的回归系数为 0.801（$P<0.001$），表明近似可分解性对跨界搜索深度具有正向影响，假设 H3b 通过检验。

针对规则设计明确性与跨界搜索深度间的关系，模型 7 在模型 5 的基础上单独进行了考察。相较于模型 5，模型 7 在显著性检验中显示出更高的 F 值（12.103），且通过了 0.001 水平的显著性检验。此外，模型 7 的 R^2 较模型 5 增加了 0.309，这进一步验证了规则设计明确性对跨界搜索深度具有较强的解释力。模型 7 中控制变量对跨界搜索深度均没有显著影响。规则设计明确性的回归系数为 0.634（$P<0.001$），表明规则设计明确性对跨界搜索深度具有正向影响，假设 H3d 得到支持。

模型 8 在模型 5 的基础上同时纳入近似可分解性和规则设计明确性，考察数字平台模块化对跨界搜索深度的影响。结果显示，模型 8 的 R^2 为 0.715，R^2 相较于模型 5 提高了 0.593，F 值为 32.547（$P<0.001$）。说明模型整体回归效果良好，而且解释力较强。近似可分解性和规则设计明确性对跨界搜索深度产生了显著的差异性影响，近似可分解性对跨界搜索深度的影响（$\beta=0.677$，$P<0.001$）高于规则设计明确性的影响（$\beta=0.212$，$P<0.01$）。

（四）跨界搜索中介作用的假设检验

1. 中介效应模型的建立

前文实证结果充分检验了相应变量间直接关系的假设内容，从而推断出跨界搜索在数字平台模块化与企业创新之间具有显著的中介作用。为进一步支持这一推断，并深入剖析中介作用类型为完全中介还是部分中介，本书构建了包含数字平台模块化、跨界搜索和企业创新的结构方程全模型。图 6－1 构建了有关一阶因子相互作用的中介效应模型，并将该模型的 AMOS 分析结果进行整理，如表 6－15 所示。由表 6－15 可知，适配指标中 $\chi^2/df = 1.163$，RMSEA = 0.043，CFI = 0.976，IFI = 0.976，TLI = 0.973，达到了结构方程模型的理想标准，该中介检验的结构方程模型能够与实践数据很好地契合。

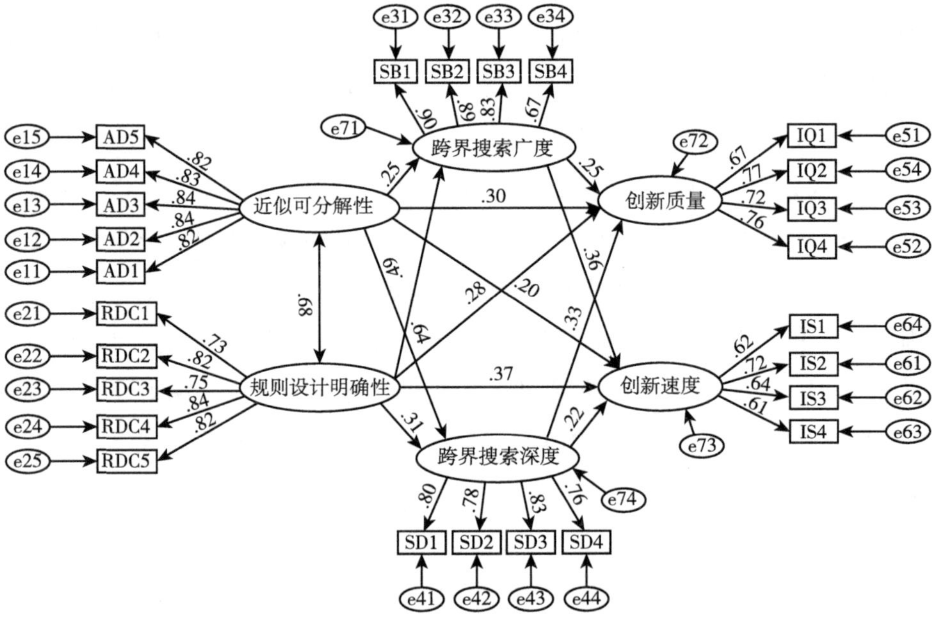

图 6－1　跨界搜索中介效应模型

表 6－15　中介效应模型拟合结果

路径			标准化系数	SE	CR	P	是否显著
跨界搜索广度	<---	近似可分解性	0.249	0.070	3.480	***	是
跨界搜索深度	<---	近似可分解性	0.644	0.143	6.040	***	是
跨界搜索广度	<---	规则设计明确性	0.489	0.111	3.610	***	是
跨界搜索深度	<---	规则设计明确性	0.313	0.118	2.981	0.003	是
创新速度	<---	规则设计明确性	0.278	0.076	2.757	0.006	是

续表

路径			标准化系数	SE	CR	P	是否显著
创新速度	<---	近似可分解性	0.300	0.117	2.306	0.021	是
创新质量	<---	规则设计明确性	0.366	0.118	2.337	0.019	是
创新质量	<---	近似可分解性	0.204	0.072	2.047	0.041	是
创新速度	<---	跨界搜索深度	0.327	0.102	2.153	0.031	是
创新速度	<---	跨界搜索广度	0.249	0.070	3.233	0.001	是
创新质量	<---	跨界搜索深度	0.225	0.054	3.029	0.002	是
创新质量	<---	跨界搜索广度	0.356	0.074	4.812	***	是
$\chi^2/df=1.163$，RMSEA = 0.043，CFI = 0.976，IFI = 0.976，TLI = 0.973，*** 表示 $P<0.001$							

中介效应模型主要展示了跨界搜索在数字平台模块化与企业创新之间的中介效应，共有 12 条路径，从表 6-15 中可知，“近似可分解性→跨界搜索广度”“近似可分解性→跨界搜索深度”“规则设计明确性→跨界搜索广度”和“跨界搜索广度→创新质量”这 4 条路径均在 $P<0.001$ 的水平上显著，其余路径显著性水平均为 $P<0.05$。其中，有关数字平台模块化对跨界搜索的影响路径，具体为：“近似可分解性→跨界搜索广度”的标准化路径系数为 0.249，$P<0.001$；“近似可分解性→跨界搜索深度”的标准化路径系数为 0.644，$P<0.001$；“规则设计明确性→跨界搜索广度”的标准化路径系数为 0.489；“规则设计明确性→跨界搜索深度”的标准化路径系数为 0.313，$P<0.001$。进一步验证了上述层次回归结果的假设 H3a、假设 H3b、假设 H3c 和假设 H3d 均成立。

有关数字平台模块化对企业创新的影响路径，具体为：“近似可分解性→创新质量”的标准化路径系数为 0.204，$P<0.05$，“近似可分解性→创新速度”的标准化路径系数为 0.300，$P<0.05$；“规则设计明确性→创新质量”的标准化路径系数为 0.366，$P<0.05$；“规则设计明确性→创新速度”的标准化路径系数为 0.278，$P<0.05$。这一结果进一步验证了上述层次回归结果所支持的假设 H1a、假设 H1b、假设 H1c 和假设 H1d。

关于跨界搜索与企业创新的影响路径，具体为：“跨界搜索广度→创新质量”的标准化路径系数为 0.356，$P<0.05$；“跨界搜索广度→创新速度”的标准化路径系数为 0.249，$P<0.05$；“跨界搜索深度→创新质量”的标准化

路径系数为0.225，P<0.05；“跨界搜索深度→创新速度”的标准化路径系数为0.327，P<0.05。进一步说明假设H2a、假设H2b、假设H2c、假设H2d均成立。进一步地，根据上述分析并结合温忠麟（2014）中介效应检验分析可以得到关于中介效应的假设H4a—假设H4h均成立。

2. 中介效应的分解

根据上述中介效应模型的AMOS运行结果分析可知，数字平台模块化的双重维度与企业创新之间存在多条路径，数字平台模块化不仅直接影响企业创新，还通过中介变量产生影响，为了更好地呈现各个变量之间的作用路径和效果，本书根据AMOS进行分析结果生成了中介模型效应分解表，具体见表6－16。表6－16展示了变量之间标准化的直接效应、间接效应和总效应。

表6－16　中介模型效应分解表

效应类型	变量	规则设计明确性	近似可分解性	跨界搜索广度	跨界搜索深度
总效应	跨界搜索广度	0.489	0.249	0	0
	跨界搜索深度	0.313	0.644	0	0
	创新质量	0.611	0.438	0.356	0.225
	创新速度	0.502	0.573	0.249	0.327
直接效应	跨界搜索广度	0.489	0.249	0	0
	跨界搜索深度	0.313	0.644	0	0
	创新质量	0.366	0.204	0.356	0.225
	创新速度	0.278	0.300	0.249	0.327
间接效应	跨界搜索广度	0	0	0	0
	跨界搜索深度	0	0	0	0
	创新质量	0.245	0.234	0	0
	创新速度	0.224	0.273	0	0

由表6－16可知，近似可分解性对创新质量的总效应为0.438，其中，直接效应为0.204，间接效应为0.234，说明近似可分解性不仅直接影响创新质量，同时也通过跨界搜索深度与跨界搜索广度来间接影响创新质量，间接效应占比为53.42%。近似可分解性对创新速度的总效应为0.573，其中，直接

效应为0.300，间接效应为0.273，说明近似可分解性不仅直接影响创新速度，同时也通过跨界搜索深度与跨界搜索广度来间接影响创新速度，间接效应占比为47.64%。

规则设计明确性对创新质量的总效应为0.611，其中，直接效应为0.366，间接效应为0.245，说明规则设计明确性不仅直接影响创新质量，而且也通过跨界搜索深度和跨界搜索广度来间接影响创新质量，间接效应占比为40.09%。规则设计明确性对创新速度的总效应为0.502，直接效应为0.278，间接效应为0.224，说明规则设计明确性不仅直接影响创新速度，而且通过跨界搜索深度与跨界搜索广度间接影响创新速度，间接效应占比为44.62%。

综合上述中介效应检验的结果分析可以得到，在近似可分解性与企业创新的关系研究中，跨界搜索起部分中介作用。在规则设计明确性与企业创新的关系研究中，跨界搜索也起部分中介作用。近似可分解性和规则设计明确性既能直接影响企业创新质量和创新速度，也能通过跨界搜索影响企业创新。

（五）数字平台治理机制调节作用的假设检验

本书采用层次回归分析法，对数字平台正式治理机制和数字平台非正式治理机制对跨界搜索（跨界搜索广度、跨界搜索深度）与企业创新（创新质量、创新速度）间关系的调节作用进行了检验。另外，为避免由于加入交互项可能引起的共线性问题对回归结果的影响，本书首先对三类变量进行了中心化处理，并在此基础上进行了调节作用的检验分析。具体操作步骤如下：

1. 数字平台正式治理机制对跨界搜索与创新质量的调节作用检验

在对变量进行中心化处理的基础上，首先，模型1考察了企业年限等控制变量对因变量的影响；其次，分别引入跨界搜索广度和跨界搜索深度以及调节变量数字平台正式治理机制形成模型2和模型4；最后，将跨界搜索广度和数字平台正式治理机制、跨界搜索深度和数字平台正式治理机制的交互项分别引入模型3和模型5，以详细考察数字平台正式治理机制的调节作用。调节效应检验结果如表6－17所示。

表6－17　数字平台正式治理机制对跨界搜索与创新质量的调节作用检验

变量	因变量：创新质量				
	模型1	模型2	模型3	模型4	模型5
控制变量					
年限	0.255*	0.161*	0.161*	0.126	0.121
规模	0.029	－0.052	－0.074	－0.062	－0.066
性质	0.045	－0.066	－0.056	－0.048	－0.047
行业	－0.291*	－0.111	－0.108	－0.106	－0.105
收入	0.147	0.083	0.11	0.087	0.101
自变量					
跨界搜索广度		0.248**	0.274**		
跨界搜索深度				0.444***	0.48***
调节变量					
数字平台正式治理机制		0.486***	0.421***	0.305***	0.136**
交互项					
跨界搜索广度×数字平台正式治理机制			－0.148		
跨界搜索深度×数字平台正式治理机制					0.193*
R^2	0.222	0.568	0.586	0.449	0.475
ΔR^2		0.309	0.397	0.227	0.253
F	4.744*	15.214***	3.525	11.263***	10.933***

注：* P<0.05，** P<0.01，*** P<0.001，N=394。

根据表6－17的分析结果，模型1的整体显著性检验所得的F值在0.05的显著水平上通过检验。然而，考虑到仅包含控制变量的零模型检验结果的R^2较低。更具体地说，在所选的控制变量中只发现了企业年限、企业所属行业类型与创新质量之间在0.05的显著水平上存在着显著相关性。这一发现表明，本书所选的控制变量并非对创新质量产生主要影响的因素。模型2中，分别依次加入自变量跨界搜索广度、调节变量数字平台正式治理机制，模型整体的 R^2 值较模型 1 有明显增加；模型 3 在模型 2 的基础上继续将二者的交互项纳入模型后，模型整体 F 值不显著，而且交互项并未通过显著性检验（$\beta=-0.148$，$P>0.05$），表明数字平台正式治理机制对跨界搜索广度与创新质量间关系的调节作用不显著，即假设 H5a 不成立。

针对数字平台正式治理机制对跨界搜索深度与创新质量间关系发挥的调节效应，纳入跨界搜索深度、数字平台正式治理机制（模型 4）以及二者的交互项（模型 5）的两个模型的 R^2 均明显高于零模型（$F=11.263$，$P<0.001$；$F=10.933$，$P<0.001$）。根据模型 4 的结果，跨界搜索深度显著正向影响创新质量（$\beta=0.444$，$P<0.001$），且数字平台正式治理机制显著正向影响企业创新质量（$\beta=0.305$，$P<0.001$）；模型 5 中跨界搜索深度与创新质量交互项系数为 0.193，证明数字平台正式治理机制正向调节了跨界搜索深度与企业创新质量的关系，能够增强跨界搜索深度与创新质量间的正向影响，假设 H5c 得到了验证。

2. 数字平台正式治理机制对跨界搜索与创新速度的调节作用检验

在对变量进行中心化处理的基础上，模型 1 考察了控制变量对因变量的影响。模型 2 中加入跨界搜索广度和调节变量数字平台正式治理机制，如表 6－18 所示，模型 2 通过了显著性水平为 0.001 的显著性检验，而且其 R^2 值均高于零模型（$F=21.201$，$P<0.001$）；然而，当模型 3 在模型 2 的基础上纳入交互项后，交互项并未通过显著性检验，而且模型 3 的 F 值也未通过显著性检验（$F=18.323$，$P>0.05$），假设 H5b 不成立。模型 4 是在模型 1 的基础上，将跨界搜索深度和数字平台正式治理机制两个变量纳入进来，发现跨界搜索深度对创新速度的系数为 0.505（$P<0.001$），而数字正式治理机制对创新速度产生了显著正向影响（$\beta=0.226$，$P<0.05$）；模型 5 中跨界搜索深度与创新速度的交互项系数为正且显著（$\beta=0.169$，$P<0.05$），表明数字平台正式治理机制对跨界搜索深度与创新速度的关系起到了增强型调节作用，即数字平台正式治理机制强化了跨界搜索深度对企业创新质量的正向影响，假设 H5d 得到了验证。

表 6-18　数字平台正式治理机制对跨界搜索与创新速度的调节作用检验

变量	因变量：创新速度				
	模型 1	模型 2	模型 3	模型 4	模型 5
控制变量					
年限	0.309*	0.004	0.004	0.051	0.058
规模	-0.075	-0.106	-0.107	-0.164	-0.156
性质	0.056	-0.175	-0.175	-0.133	-0.134
行业	-0.219*	0.052	0.052	0.019	0.019
收入	0.178	0.211	0.211	0.192	0.169
自变量					
跨界搜索广度		0.210*	0.208*		
跨界搜索深度				0.505***	0.524***
调节变量					
数字平台正式治理机制		0.650***	0.651***	0.226*	0.276*
交互项					
跨界搜索广度×数字平台正式治理机制			-0.004		
跨界搜索深度×数字平台正式治理机制					0.169*
R^2	0.189	0.616	0.612	0.394	0.412
ΔR^2		0.427	0.423	0.205	0.223
F	3.867*	21.201***	18.323	9.177***	8.699***

注：*P<0.05，**P<0.01，***P<0.001，N=394。

3. 数字平台非正式治理机制对跨界搜索与创新质量的调节作用检验

在模型 1 中，考察了企业年限等控制变量对因变量的影响；基于此分别引入跨界搜索广度、跨界搜索深度以及调节变量数字平台非正式治理机制形成模型 2 和模型 4；最后将跨界搜索广度和非正式治理机制、跨界搜索深度和数字平台非正式治理机制的交互项分别引入模型 3 和模型 5，以详细考察数字平台非正式治理机制的调节作用。调节效应检验结果如表 6-19 所示。

表 6－19　　数字平台非正式治理机制对跨界搜索与创新质量的调节作用检验

变量	因变量：创新质量				
	模型 1	模型 2	模型 3	模型 4	模型 5
控制变量					
年限	0.255*	0.157	0.162	0.122	0.116
规模	0.029	-0.019	-0.03	-0.032	-0.039
性质	0.045	-0.045	-0.029	-0.03	-0.021
行业	-0.291*	-0.135*	-0.137	-0.124	-0.126
收入	0.147	0.097	0.102	0.102	0.110
自变量					
跨界搜索广度		0.501*	0.672*		
跨界搜索深度				0.424***	0.430***
调节变量					
数字平台非正式治理机制		0.145**	0.203***	0.354***	0.356***
交互项					
跨界搜索广度×数字平台非正式治理机制			0.272**		
跨界搜索深度×数字平台非正式治理机制					0.010
R^2	0.222	0.696	0.719	0.630	0.625
ΔR^2		0.474	0.497	0.408	0.403
F	4.744*	29.787***	29.126***	22.376***	19.340***

注：* $P<0.05$，** $P<0.01$，*** $P<0.001$，$N=394$。

其中，模型 1 的 F 值显著性水平小于 0.05，但是仅考虑控制变量的零模型的 R^2 较低。在本书选择的控制变量中，只有企业年限和所属行业与企业创新质量之间存在显著相关性（在 0.05 的显著水平上），这一结果表明选取的控制变量并非主要影响创新质量的因素。模型 2 中跨界搜索广度和数字平台非正式治理机制对创新质量均具有显著正向影响（$\beta=0.501$，$P<0.05$；$\beta=0.145$，$P<0.001$）；模型 3 中跨界搜索广度与数字平台非正式治理机制交互项系数为正且显著（$\beta=0.272$，$P<0.01$），表明数字平台非正式治理机制调

节了跨界搜索广度与创新质量间的关系。而且依托主效应作用方向，得出数字平台非正式治理机制会进一步增强跨界搜索广度对企业创新质量的正向影响，即数字平台非正式治理机制发挥了增强型调节效应，假设 H5e 得到验证。模型 4 在模型 1 基础上引入跨界搜索深度和数字平台非正式治理机制，两变量均与创新质量存在显著相关关系（$\beta=0.424$，$P<0.001$；$\beta=0.354$，$P<0.001$）。模型 5 在模型 4 基础上将交互项纳入其中，交互项与创新质量间关系不显著（$\beta=0.010$，$P>0.05$），且在 SPSS 软件进行层次回归中发现 F 值变更并不显著。可见，数字平台非正式治理机制在跨界搜索深度与企业创新质量间关系的调节效应不显著，假设 H5g 并未通过检验。

4. 数字平台非正式治理机制对跨界搜索与创新速度的调节作用检验

在对变量进行中心化处理的基础上，模型 1 考察了控制变量对因变量的影响。模型 2 加入跨界搜索广度和调节变量数字平台非正式治理机制，模型 3 基于模型 2 纳入二者的交互项，如表 6－20 所示，从结果来看，模型 2、模型 3 的 R^2 值均较零模型显著提高，在统计学上通过了显著性检验（$F=13.693$，$P<0.001$；$F=12.269$，$P<0.05$）。模型 2 中跨界搜索广度对创新速度的系数为 0.371（$P<0.001$），数字平台非正式治理机制对创新速度产生了显著正向影响（$\beta=0.209$，$P<0.001$）；模型 3 中跨界搜索广度与创新速度的交互项系数为正且显著（$\beta=0.105$，$P<0.05$），表明数字平台非正式治理机制对跨界搜索广度与创新速度的关系同样起到了增强型调节作用，即数字平台非正式治理机制强化了跨界搜索广度对创新速度的正向影响，假设 H5f 得到验证。

表 6－20　数字平台非正式治理机制对跨界搜索与创新速度的调节作用检验

变量	因变量：创新速度				
	模型 1	模型 2	模型 3	模型 4	模型 5
控制变量					
年限	0.309*	0.046	0.054	0.048	0.051
规模	－0.075	－0.128	－0.118	－0.087	－0.081
性质	0.056	－0.115	－0.127	－0.157*	－0.162*

续表

变量	因变量：创新速度				
	模型 1	模型 2	模型 3	模型 4	模型 5
行业	−0.219*	−0.001	0.001	−0.009	−0.010
收入	0.178	0.199	0.190	0.165*	0.160*
自变量					
跨界搜索广度		0.371***	0.386***		
跨界搜索深度				0.536***	0.535***
调节变量					
数字平台非正式治理机制		0.209***	0.236***	0.342***	0.352***
交互项					
跨界搜索广度×数字平台非正式治理机制			0.105*		
跨界搜索深度×数字平台非正式治理机制					0.045
R^2	0.189	0.592	0.506	0.718	0.716
ΔR^2		0.403	0.2317	0.529	0.527
F	3.867*	13.693***	12.269*	32.982***	28.773***

注：* $P<0.05$，** $P<0.01$，*** $P<0.001$，$N=394$。

随后，加入跨界搜索深度、数字平台非正式治理机制（模型 4）以及二者交互项（模型 5）。其中，模型 4 中跨界搜索深度对创新速度产生了显著正向影响（$\beta=0.536$，$P<0.001$），数字平台非正式治理机制显著正向影响企业创新速度（$\beta=0.342$，$P<0.001$）；模型 5 中跨界搜索深度与数字平台非正式治理机制交互项系数为 0.045（$P>0.05$），说明数字平台非正式治理机制对跨界搜索深度与创新速度的关系并未起调节作用，假设 H5h 并未得到验证。

此外，为更直观地呈现数字平台治理机制（数字平台正式治理机制和数字平台非正式治理机制）对跨界搜索（跨界搜索广度和跨界搜索深度）与企业创新（创新质量和创新速度）的调节关系，本书使用了一个标准差以下和一个标准差以上的调节变量水平来描绘调节效应图。具体表现在图 6－2 和图 6－3 中。

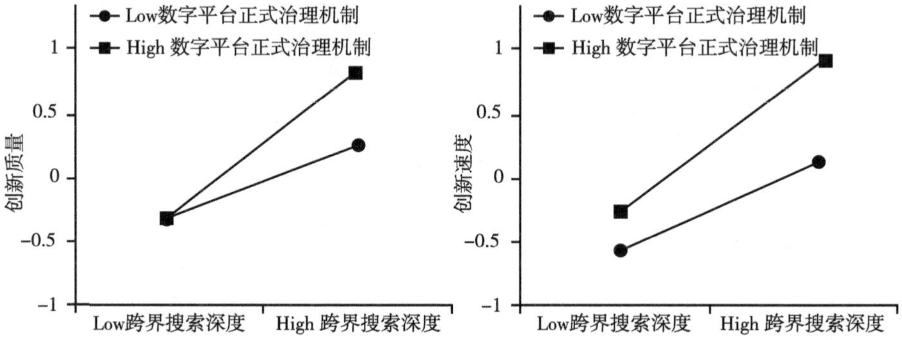

图 6－2　数字平台正式治理机制对跨界搜索深度与企业创新关系的调节效果

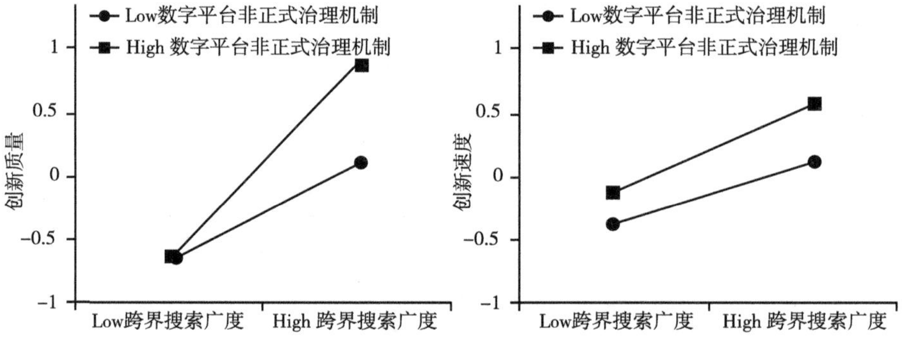

图 6－3　数字平台非正式治理机制对跨界搜索广度与企业创新关系的调节效果

根据图 6－2 左图的简单斜率检验结果可知，在数字平台正式治理机制完善程度低的环境中（低于标准差水平）时，跨界搜索深度对创新质量的正向影响显著（$\beta=0.2831$，$P<0.001$）；当处于高完善程度的数字平台正式治理机制中（高于标准差水平）时，跨界搜索深度对创新质量的正向影响显著（$\beta=0.6004$，$P<0.001$），表明与数字平台正式治理机制完善程度低的数字平台环境相比，较高的数字平台正式治理机制完善程度能够强化跨界搜索深度对创新质量的正向促进作用。

类似地，根据图 6－2 右图的简单斜率检验结果可知，当处于低数字平台正式治理机制的环境中（低于标准差水平）时，跨界搜索深度对创新速度的正向影响显著（$\beta=0.307$，$P<0.05$）；当处于高数字平台正式治理机制中（高于标准差水平）时，跨界搜索深度对创新速度的正向影响显著（$\beta=0.6559$，

$P<0.05$），且高数字平台正式治理机制情景下跨界搜索深度的斜率高于低数字平台正式治理机制情景下的斜率。

由图6-3左图的简单斜率检验可知，当处于低数字平台非正式治理机制的环境中（低于标准差水平）时，跨界搜索广度对创新质量的正向影响显著（$\beta=0.3877$，$P<0.001$）；当处于高数字平台非正式治理机制中（高于标准差水平）时，跨界搜索广度对创新质量的正向影响显著（$\beta=0.6939$，$P<0.05$）。表明与数字平台非正式治理机制完善程度低的数字平台环境相比，较高的数字平台非正式治理机制完善程度能够强化跨界搜索广度对创新质量的正向促进作用。

由图6-3右图的简单斜率检验可知，当处于低数字平台非正式治理机制的环境中（低于标准差水平）时，跨界搜索广度对创新速度的正向影响显著（$\beta=0.2451$，$P<0.05$）；当处于高数字平台非正式治理机制中（高于标准差水平）时，跨界搜索广度对创新速度的正向影响显著（$\beta=0.3644$，$P<0.05$），表明数字平台非正式治理机制完善程度越高，越有利于跨界搜索广度对创新速度发挥积极影响。

（六）稳健性检验

稳健性检验是用于检验研究结果的统计方法，可以评估模型的鲁棒性和可靠性。在研究中，稳健性检验旨在检验研究结论能否经受各种假设和数据偏差的影响，并确保结果的可靠性和一致性。稳健性检验的技术手段有多种，包括但不限于增减控制变量、样本量调整、解释变量和被解释变量替换、统计回归方法变更以及缩尾处理等方法。本书选取常见的稳健性检验方式，通过替换因变量，即采用创新质量和创新速度的代理变量，重新衡量指标与模型，从而证明模型稳健性，并在中介效应的检验中通过 Bootstrap 检验法替代结构方程模型进行。

具体地，在保持其他自变量和模型不变的情况下，替换因变量以检验结论稳健性。通过替换因变量，评估不同因变量对结果的影响，并确定结论是否受到特定因变量的支配。这种方法有助于评估模型的鲁棒性，验证结论是否受到某个特定变量的异常影响，或者是否受到特定因变量的支配。通过替换因变量，提高结果的可靠性和一致性，并更全面地评估研究的有效性。

本书通过双元创新能力替换企业创新质量和创新速度。原因在于以下两点：探索能力在企业创新能力方面起到关键作用。良好的探索能力可以帮助组织发现和理解新领域的知识和机会，并将其应用于创新实践中，从而提高创新质量。探索能力强的组织更有可能获得创新成果并提供高质量的产品或服务；开发能力对于创新速度有着重要的影响。开发能力包括将新知识转化为实际创新成果的能力，即快速且高效地将创新想法变为市场上可用的产品或服务。具备较强开发能力的组织能够更快地推进创新项目的开发和推出，提高创新速度。

结合上述的分析，本书将双元创新能力作为企业创新的代理变量，据此进行变量间关系检验。具体地，本书借鉴现有成熟量表对双元能力的检测（Chandrasekaran et al.，2012；贯君等，2019），通过“企业不断尝试推出新产品、新工艺和新流程”“企业比竞争对手拥有和创造了更多的新产品或服务”“企业率先掌握了新产品或新技术”“企业能够通过学习掌握新产品或新技术的原理和方法”这 4 个题项测量了探索能力。将“企业总能通过学习不断提升现有创新活动效率”“企业能够持续完善现有产品的开发和生产流程”“企业经常巩固熟悉产品或技术的现有知识和技能”“企业倾向于将资源投入到对成熟技术的利用或改进中”这 4 个题项作为开发能力的衡量指标。基于此，遵循前文实证研究的操作步骤，再次对变量间关系进行了假设检验。稳健性检验结果如表 6－21—表 6－24 所示。

表 6－21　　稳健性检验之跨界搜索广度的中介作用

影响类型	路径	系数	t	P	Bias－Corrected95%置信区间	
					下限	上限
总效应	RDC→IQ	0.6245	9.4169	0.0000	0.4926	0.7564
	AD→IQ	0.5835	7.9047	0.0000	0.4366	0.7303
	RDC→IS	0.4997	5.8288	0.0000	0.3291	0.6703
	AD→IS	0.5612	7.0971	0.0000	0.4039	0.7185

续表

影响类型	路径	系数	t	P	Bias - Corrected95% 置信区间	
					下限	上限
直接效应	RDC→IQ	0.4337	6.1001	0.0000	0.2922	0.5752
	AD→IQ	0.3604	4.5645	0.0000	0.2033	0.5174
	RDC→IS	0.2322	2.9423	0.0042	0.0752	0.3892
	AD→IS	0.3096	3.6796	0.0004	0.1423	0.4769
	路径	系数	BootSE		BootLLCI	BootULCI
间接效应	RDC→SB→IQ	0.1980	0.0602		0.085	0.3223
	AD→SB→IQ	0.2231	0.0629		0.1072	0.3527
	RDC→SB→IS	0.4681	0.0758		0.0683	0.3704
	AD→SB→IS	0.3290	0.0719		0.1973	0.04786

表 6－22　　　　稳健性检验之跨界搜索深度的中介作用

影响类型	路径	系数	t	P	Bias - Corrected95% 置信区间	
					下限	上限
总效应	RDC→IQ	0.6245	9.4169	0.0000	0.4926	0.7564
	AD→IQ	0.5835	7.9047	0.0000	0.4366	0.7303
	RDC→IS	0.4997	5.8288	0.0000	0.3291	0.6703
	AD→IS	0.5612	7.0971	0.0000	0.4039	0.7185
直接效应	RDC→IQ	0.5687	5.5188	0.0000	0.3637	0.7738
	AD→IQ	0.4245	4.6848	0.0000	0.2442	0.6084
	RDC→IS	0.2125	2.6403	0.0099	0.0524	0.3727
	AD→IS	0.2631	2.7362	0.0076	0.0719	0.4544
	路径	系数	BootSE		BootLLCI	BootULCI
间接效应	RDC→SD→IQ	0.1590	0.0755		0.0336	0.333
	AD→SD→IQ	0.4830	0.2267		0.0329	0.9342
	RDC→SD→IS	0.3487	0.0802		0.2047	0.5144
	AD→SD→IS	0.5818	0.0764		0.4298	0.7337

由表6－21跨界搜索广度中介作用稳健性检验结果可知，近似可分解性和规则设计明确性对创新质量、创新速度均表现出显著的相关关系。同时，

跨界搜索广度在近似可分解性和规则设计明确性关系中的中介效应均通过了检验，结果与前文实证结果高度一致。

同时，如表6-22所示，“近似可分解性→跨界搜索深度→创新质量”和“近似可分解性→跨界搜索深度→创新速度”的关系路径均通过了检验（置信区间不均包含0）；同样地，跨界搜索深度在规则设计明确性与创新质量和创新速度的关系中，所有中介效应的显著性均得到验证，与之前的实证结果一致，进一步验证了本书假设检验结果的可信度。

此外，根据稳健性检验的结果，即表6-23和表6-24所呈现的数字平台治理机制的调节效应，可以得出以下结论：跨界搜索与数字平台治理机制的交互项系数的符号方向以及显著性均与前述实证结果保持一致，这进一步验证了数字平台治理机制对研究模型的调节作用。因此，基于替代变量的稳健性检验佐证了前述实证结果的可靠性，并为其提供了进一步数据支持。

表6-23　数字平台治理机制对跨界搜索与创新质量间关系的调节效应稳健性检验

变量	因变量：创新质量								
	模型1	模型2	模型3	模型4	模型5	模型6	模型7	模型8	模型9
控制变量									
年限	0.206	0.109	0.108	0.071	0.110	0.157	0.144	0.122	0.084
规模	-0.024	-0.099	-0.120	-0.110	-0.094	-0.190	-0.124	-0.032	-0.135
性质	0.036	-0.078	-0.069	-0.059	-0.04	-0.045	-0.068	-0.030	-0.056
行业	-0.273*	-0.091	-0.088	-0.085	-0.088	-0.135*	-0.107	-0.124	-0.067
收入	0.149	0.080	0.106	0.086	0.055	0.097	0.076	0.102	-0.077
自变量									
SB		0.505***	0.528**			0.460***	0.701***		
SD				0.452***	0.510***			0.436***	0.387**
调节变量									
DPFGM		0.336***	0.244*	0.370***	0.294*				
DPIGM						0.369***	0.405***	0.286**	0.294**
交互项									
SB × DPFGM			0.171*						
SB × DPIGM							0.244*		

续表

变量	因变量：创新质量								
	模型 1	模型 2	模型 3	模型 4	模型 5	模型 6	模型 7	模型 8	模型 9
SD × DPFGM					0.149 *				
SD × DPIGM									0.097
R^2	0.106	0.650	0.677	0.558	0.662	0.684	0.667	0.500	0.502
ΔR^2									
F	3.093 *	21.704 ***	20.740 ***	16.860 ***	22.531 ***	28.174 ***	23.035 ***	13.595 ***	12.102 ***

注：* P < 0.05，** P < 0.01，*** P < 0.001，N = 394。

表 6 – 24　数字平台治理机制对跨界搜索与创新速度间关系的调节效应稳健性检验

变量	因变量：创新速度								
	模型 1	模型 2	模型 3	模型 4	模型 5	模型 6	模型 7	模型 8	模型 9
控制变量									
年限	0.196	0.064	-0.019	0.061	0.070	0.101	0.091	0.031	0.024
规模	-0.097	-0.148	-0.049	-0.125	-0.110	-0.107	-0.113	0.034	0.009
性质	-0.015	-0.130	-0.113	-0.117	-0.121	-0.045	-0.044	0.030	0.036
行业	-0.186	-0.024	0.023	-0.038	-0.019	-0.138	-0.146	-0.110	-0.119
收入	0.273 *	0.207 *	0.117	0.215 *	0.180	0.130	0.145	-0.031	-0.003
自变量									
SB		0.474 ***	0.478 ***			0.426 ***	0.428 ***		
SD				0.479 ***	0.518 ***			0.743 ***	0.730 **
调节变量									
DPFGM		0.439 ***	0.452 **	0.235 *	0.288 **				
DPIGM						0.384 ***	0.373 ***	0.168 *	0.148 ***
交互项									
SB × DPFGM			0.041 *						
SB × DPIGM							0.154 *		
SD × DPFGM					0.176 *				
SD × DPIGM									0.053
R^2	0.097	0.693	0.691	0.464	0.484	0.572	0.576	0.679	0.677
ΔR^2									
F	2.891 *	29.366 ***	25.552 ***	11.901 ***	11.317 ***	17.807 ***	15.945 ***	27.581 ***	24.003 ***

注：* P < 0.05，** P < 0.01，*** P < 0.001，N = 394。

第五节 结果与讨论

（一）实证检验结果汇总

本书通过一系列实证分析以及进一步的稳健性检验，发现第四章提出的大部分假设得到了数据支持，少数假设未通过验证。具体结果如表6－25所示。

表6－25 实证检验结果汇总

假设	假设内容	检验结果
H1a	数字平台模块化的近似可分解性对企业的创新质量具有正向影响	支持
H1b	数字平台模块化的近似可分解性对企业的创新速度具有正向影响	支持
H1c	数字平台模块化的规则设计明确性对企业的创新质量具有正向影响	支持
H1d	数字平台模块化的规则设计明确性对企业的创新速度具有正向影响	支持
H2a	跨界搜索广度对企业的创新质量具有正向影响	支持
H2b	跨界搜索广度对企业的创新速度具有正向影响	支持
H2c	跨界搜索深度对企业的创新质量具有正向影响	支持
H2d	跨界搜索深度对企业的创新速度具有正向影响	支持
H3a	数字平台模块化的近似可分解性对跨界搜索广度具有正向影响	支持
H3b	数字平台模块化的近似可分解性对跨界搜索深度具有正向影响	支持
H3c	数字平台模块化的规则设计明确性对跨界搜索广度具有正向影响	支持
H3d	数字平台模块化的规则设计明确性对跨界搜索深度具有正向影响	支持
H4a	跨界搜索广度在近似可分解性与创新质量的关系中起中介作用	支持
H4b	跨界搜索广度在近似可分解性与创新速度的关系中起中介作用	支持
H4c	跨界搜索深度在近似可分解性与创新质量的关系中起中介作用	支持
H4d	跨界搜索深度在近似可分解性与创新速度的关系中起中介作用	支持
H4e	跨界搜索广度在规则设计明确性与创新质量的关系中起中介作用	支持
H4f	跨界搜索广度在规则设计明确性与创新速度的关系中起中介作用	支持
H4g	跨界搜索深度在规则设计明确性与创新质量的关系中起中介作用	支持

续表

假设	假设内容	检验结果
H4h	跨界搜索深度在规则设计明确性与创新速度的关系中起中介作用	支持
H5a	数字平台正式治理机制完善度增强了跨界搜索广度与创新质量的正向关系。正式治理机制越完善，跨界搜索广度对创新质量的正向影响越强	不支持
H5b	数字平台正式治理机制完善度增强了跨界搜索广度与创新速度的正向关系。正式治理机制越完善，跨界搜索广度对创新速度的正向影响越强	不支持
H5c	数字平台正式治理机制完善度增强了跨界搜索深度与创新质量的正向关系。正式治理机制越完善，跨界搜索深度对创新质量的正向影响越强	支持
H5d	数字平台正式治理机制完善度增强了跨界搜索深度与创新速度的正向关系。正式治理机制越完善，跨界搜索深度对创新速度的正向影响越强	支持
H5e	数字平台非正式治理机制完善度增强了跨界搜索广度与创新质量的正向关系。非正式治理机制越完善，跨界搜索广度对创新质量的正向影响越强	支持
H5f	数字平台非正式治理机制完善度增强了跨界搜索广度与创新速度的正向关系。非正式治理机制越完善，跨界搜索广度对创新速度的正向影响越强	支持
H5g	数字平台非正式治理机制完善度增强了跨界搜索深度与创新质量的正向关系。非正式治理机制越完善，跨界搜索深度对创新质量的正向影响越强	不支持
H5h	数字平台非正式治理机制完善度增强了跨界搜索深度与创新速度的正向关系。非正式治理机制越完善，跨界搜索深度对创新速度的正向影响越强	不支持

（二）数字平台模块化对企业创新的直接影响

前文基于扎实的案例分析和严谨的理论推导，得出数字平台结构上的近似可分解性和制度上的规则设计明确性与企业创新的创新质量和创新速度间关系的 4 个假设，并经过实证分析检验了这 4 个假设。具体分析如下：

第一，假设 H1a 和假设 H1b。数字平台的近似可分解性分别对企业的创新质量和创新速度均具有正向影响的假设通过了实证检验。一方面，近似可分解性使平台企业各功能模块相对独立地进行开发和更新。这种结构性优势有助于降低各个模块之间的相互依赖性，提高开发的灵活性和可重用性。因此，企业在每个模块上都可以更加专注和精细地进行创新，从而提高创新质量。通过模块化设计具备的结构近似可分解性，企业可以有效连接平台各层功能模块，汲取异质性创新资源、及时发现外部机会，进而驱动平台企业及时响应市场需求，提供多元化、高质量的创新产品和服务。另一方面，数字平台的近似可分解性解决了传统整体（单体）架构的瓶颈问题，使平台企业各模块可以并行开发、创新。

第二，假设 H1c 和假设 H1d。数字平台功能模块界面接口的规则设计明确性对企业的创新质量和创新速度均具有正向影响的假设通过了实证检验。一方面，明确的规则设计可以促进平台功能模块间进行有效沟通和协作，减少信息传递的错误，从而提高创新的准确性和质量。另一方面，规则设计明确性高，企业的创新过程更加流畅和高效。规则设计有助于企业快速识别问题和机会并采取行动，减少不必要的迭代和修正，节省时间和资源，有助于提升平台企业创新速度。此外，规则设计明确性还可以促进数字平台模块化的扩展和复用。同时，明确的规则可为平台企业模块的跨界搜索提供规则指导，降低跨界搜索汲取创新资源过程中的不确定性风险和搜索成本，有利于企业将更多资源投入到创新活动中，提高平台企业创新效益。

（三）数字平台模块化对企业创新的内在作用机理

本书前文提出的跨界搜索与企业创新、数字平台模块化与跨界搜索、跨界搜索的双维度在数字平台模块化与企业创新的关系中发挥中介作用的相关研究假设均通过了检验。具体分析如下：

1. 跨界搜索与企业创新的直接关系

第一，假设 H2a 和假设 H2b 通过了实证检验。具体地，跨界搜索广度正向影响创新质量。广泛的跨界搜索通过汲取企业内各功能模块领域的知识和经验，为企业创新提供了更多的创意和想法，这种多元化的创新输入可以促进创新思维的融合与交叉，激发创新的多样性和独特性，从而提高创新质量。较高的跨界搜索广度可以帮助功能模块获取来自其他功能模块的灵感和创新想法，拓宽解决问题的思路和方法。而且通过广泛的跨界搜索，有助于平台企业敏捷发现外部市场的商业机会，开发高质量、多元化的创新产品或服务等以满足市场需求。跨界搜索广度可以帮助平台企业更快地获取和应用外部的知识和技术，从而加快创新速度。通过与平台企业内互补的功能模块间的连接，平台企业可以快速获取反馈和洞察外部市场的商业机会，及时调整和改进创新方案，加快产品和服务的演进和改进。通过跨界搜索广度，平台企业可以迅速了解和学习其他功能领域的最新趋势和最佳实践。这使平台企业能够快速进入新领域，并在短时间内掌握关键知识和技能，加速创新的推进。

第二，假设 H2c 和假设 H2d 通过了实证检验，跨界搜索深度正向影响企业创新质量和创新速度。深度搜索有助于各功能模块更好地管理和利用已有知识。通过深度搜索，可系统性地整合和组织已有知识，避免知识断层的出现。通过各功能间的连接与知识资源搜索，将创新过程分解为不同的模块或任务，并针对每个模块进行深入的搜索和研究，更快地调整和优化创新过程，提高创新速度和质量。在深度的跨界搜索下，企业各功能模块紧密连接的关系形成了知识共享模式，可避免重复投入和资源浪费，使有限的资源更加集中地用于关键的创新活动。

2. 数字平台模块化与跨界搜索的直接关系

第一，假设 H3a 和假设 H3b 通过了实证检验，通过实证检验表明，数字平台模块化的近似可分解性与跨界搜索的搜索广度和搜索深度的正向关系通过了检验。具体分析如下：

近似可分解性对企业创新速度和创新质量具有正向影响。在跨界搜索的广度方面，数字平台模块化的近似可分解性为平台企业提供了更大的搜索范围和机会。通过将复杂的企业内部组织系统划分为规整的功能模块，各模块基于弱耦合的桥接关系开展跨界搜索活动，精准且有效地吸收异质创新资源，扩大了平台企业的创新资源库。在功能模块内进行更深入的跨模块的搜索和研究，有助于挖掘细微但重要的知识和细节，从而提高创新的质量和精确性。此外，深度搜索还可以帮助平台企业发现隐藏在已有知识中的潜在信息和见解，为创新提供新的突破点。综上所述，数字平台模块化的近似可分解性对跨界搜索的广度和深度产生了正向影响。它通过提供更大的搜索范围和机会，拓宽了创新的思路和可能性，同时也通过提供深入的探索机会，提高了创新的质量和精确性。这样的影响有助于平台企业更好地应对复杂性和不确定性，促进创新的发展和成功。

第二，假设 H3c 和假设 H3d 通过了检验，即规则设计明确性分别与跨界搜索广度和跨界搜索深度的正向直接关系均得到验证。规则设计明确性利用互联网的实体接口和数据虚拟接口，有助于功能模块精准匹配、连接供需端，降低平台模块跨界搜索成本，驱动企业平台上各模块进行有效的跨界搜索行为。此外，模块界面和接口的规则设计可促进平台企业跨模块之间的知识搜索，模块接口规则定义了每个模块输入和输出数据的格式、共享方式以及调用规则等信息。明确的接口规则设计利于功能模块之间进行标准化的数据传递和调用，从而实现模块之间的信息共享和知识搜索。

3. 跨界搜索的中介效应

本书分别讨论了跨界搜索广度和跨界搜索深度在数字平台模块化两个维度影响企业创新速度和创新质量过程中的中介效应，关于跨界搜索对数字平台模块化与企业创新关系的假设均得到支持，具体分析如下：

第一，假设 H4a、假设 H4b、假设 H4c 和假设 H4d 均通过了实证检验，即跨界搜索广度和跨界搜索深度分别在近似可分解性与创新质量和创新速度的过程中发挥了部分中介作用。一方面，近似可分解性的结构性特征，有助于平台企业基于模块化的数字平台有效连接企业内异质性功能模块，通过跨界搜索，吸纳异质性资源，有助于平台企业构建丰富的创新资源池。而且，数字平台近似可分解性的特征，为企业跨界搜索提供了“快速通道”，简化了跨界搜索过程中面临的复杂关系，降低了跨界搜索的复杂性，有利于平台企业通过模块跨界搜索快速发现外部市场机会，进而提供高质量、多元化的创新产品和服务。另一方面，近似可分解性使单元模块更专注地进行创新和改进。每个模块可以通过内部的知识搜索和迭代过程，不断优化自身的功能和性能，使单元模块在不断提高自身创新质量的同时，为整个平台提供更好的功能模块。这种结构使单元模块内的知识搜索更加聚焦和高效。由于各个模块的任务和功能相对独立，模块内部的知识搜索更多地集中在特定领域或问题上，而不需要涉及整个平台的知识搜索。这种聚焦和高效的知识搜索可以提高对特定问题的解决能力，并加速平台企业创新过程。

第二，假设 H4e、假设 H4f、假设 H4g 和假设 H4h 均通过了实证检验，即跨界搜索广度和跨界搜索深度分别在规则设计明确性与创新质量和创新速度的过程中发挥了部分中介作用。一方面，通过模块接口界面的规则设计明确性特征，有助于平台企业内功能模块精准匹配供需端，有效连接互补性功能模块，降低跨界搜索成本，进而通过跨界搜索获得非冗余的创新资源。另一方面，通过模块界面和接口规则设计的特征，各个功能模块可以相互协作，实现信息共享和知识搜索。各模块之间的数据传递和调用可以快速、准确、可靠地完成，从而提高单元模块内知识的发现和利用效率。

（四）数字平台治理机制的调节效应

本书关于数字平台正式治理机制在跨界搜索深度与企业创新间关系的调节效应，以及数字平台非正式治理机制在跨界搜索广度与企业创新关系间的调节效应得到了验证，即假设 H5c、假设 H5d、假设 H5e 和假设 H5f 通过了实证检验，而假设 H5a、假设 H5b、假设 H5g 和假设 H5h 并未通过实证检验。具体分析如下：

数字平台正式治理机制在跨界搜索深度与企业创新间发挥了增强型的调节效应，而数字平台非正式治理机制对该关系的调节效应并不显著。原因在于：跨界搜索深度侧重于知识搜索，而用户端到平台端的模块之间的紧密连接和知识共享可能存在一系列的风险问题，如信息不对称和资源不平衡、各层模块间的跨界过程中数据被篡改或者丢失等。数字平台正式治理机制能够提供一套完整的、有强制性的规则和程序，以确保数据的完整性和安全性。因此，针对跨界搜索深度引致的风险问题，需要通过包括数据保护政策、加密技术、访问控制、数据校验和验证机制等数字平台正式治理机制，实现各层模块间跨界搜索过程中对数据传输的监控和管理，防止数据在跨界过程中被篡改或丢失。

相比之下，数字平台非正式治理机制可能缺乏这样的强制性和系统性。

数字平台非正式治理机制往往基于行业最佳实践、自愿协议或社区准则，它们可能不够具体，也不具备法律约束力。在数据安全和完整性方面，数字平台非正式治理机制可能无法提供足够有力的保障。此外，数字平台非正式治理机制可能更依赖于个人或组织的自我约束，而在实际操作中，不同组织的能力和意愿可能会有很大差异，这可能导致在实际操作中出现数据安全漏洞。数字平台正式治理机制因其具有强制性、系统性和预防性，更能有效地保护数据的完整性和安全性。而数字平台非正式治理机制在这些方面的效果相对较弱。因此，针对跨界搜索深度引致的各种风险，数字平台正式治理机制必须得到充分的重视和落实。

数字平台非正式治理机制在跨界搜索广度与企业创新间发挥了增强型的调节效应，而数字平台正式治理机制对该关系的调节效应并不显著。原因在于：跨界搜索广度侧重于同层跨模块边界的搜索，同层的模块间进行连接时，资源竞争问题较为明显，因为这些模块通常运行在相同的资源上，如 CPU、内存等。当多个模块同时请求跨界搜索资源时，如果没有适当的资源管理和调度机制，就可能发生资源争抢，导致性能下降。而跨界搜索深度由于涉及嵌套的各层模块间搜索，这些模块可能在不同的逻辑层面或物理层面上相互独立。例如，一个模块可能负责处理网络通信，而另一个模块负责数据存储。由于这些模块不在同一个层级上，它们的资源需求和竞争关系可能不那么直接，因此在进行跨层搜索时，资源竞争关系可能不太明显。总的来说，针对跨界搜索广度面临的资源竞争性风险，主要依赖于社群共识、合作精神和个人声誉等软性因素。在资源竞争激烈的情况下，这种快速响应机制能够减少等待时间，缓解紧张的资源状况。

数字平台正式治理机制对该关系的调节效应并不显著。究其原因可能在于：数字平台的正式治理机制通常包括严格的规则、程序和合同等硬约束，这些在快速变化的资源需求面前可能显得不够灵活。正式机制的优点在于其稳定性和可预测性，但在资源使用需求急剧变化的情况下，可能难以及时作出调整，从而在一定程度上影响了其效果。因此，这一过程中平台企业的政策应向数字平台非正式治理机制方面倾斜。

（五）进一步讨论

通过对前文实证研究过程数据分析发现，在近似可分解性与企业创新的直接关系研究中，近似可分解性与创新速度间的关系强于与创新质量间的关系。在近似可分解性与跨界搜索的关系研究中，近似可分解性与跨界搜索深度间的关系要强于与跨界搜索广度间的关系。进一步地，近似可分解性更有利于通过跨界搜索深度提高创新速度。在规则设计明确性与企业创新的直接关系研究中，规则设计明确性与创新质量间的关系强于与创新速度间的关系。在规则设计明确性与跨界搜索的关系研究中，规则设计明确性更有利于通过跨界搜索广度提高创新质量。本书将对这种“相对”关系展开进一步讨论，从而为企业在策略制定方面提供更具针对性和详尽的理论指导。具体如下：

1. 近似可分解性更有利于通过跨界搜索深度提高创新速度

基于结构嵌入的视角，数字平台的近似可分解性体现为其平台各层嵌套，而且各层在跨模块边界搜索中形成了互联互通的网络结构，当某模块探测到用户需求变化时，可以利用这个网络结构，通过跨模块搜索找到其他层的互补模块，通过不同层模块间的跨界连接，实现信息的流动和共享（奉小斌和马晓书，2021），这一过程加速了平台对用户需求的反应速度，提高了用户满意度。此外，当用户需求和市场环境发生变化时，平台可以根据近似可分解性的结构性特征，利用从各层模块收集到的信息和反馈，对底层的产品、服务或运营模式进行创新和优化。这种底层的创新可能涉及引入新的技术、改进现有的算法或开发全新的功能，以更好地满足用户需求。通过这种方式，平台能够保持其竞争力和吸引力，实现可持续发展。因此，从结构嵌入的视角来看，数字平台的近似可分解性是其适应性和创新能力的关键来源。通过模块化组织和互联互通的网络结构，平台能够灵活地应对外部环境的变化，快速响应用户需求。这种设计不仅提高了平台的运营效率和用户满意度，也为平台企业带来了持续的增长机会。

2. 规则设计明确性更有利于通过跨界搜索广度提高创新质量

在数字平台模块化设计下，规则设计明确性确保了模块间的交互符合特定的标准和预期，有利于平台内模块通过跨模块边界的知识搜索产生前瞻想法和新颖的知识组合，方便及时探测市场先机以开发出匹配市场需求的高质量创新。而且，模块界面和接口的明确规则设计使各功能模块的知识更加规范化，更便于进行跨模块的知识搜索和交流。当需要在不同模块间获得特定功能或解决问题时，可以直接参考接口和界面的规则，并利用这些规范化的知识进行开发，避免了开发者在跨模块边界进行知识搜索过程中所面临的较高风险和成本，以及知识的缄默性对开发者准确判断的负面影响（Feng et al.，2020），提高了跨界搜索广度的准确性和效率，优化了创新质量。

第六节　本章小结

本章依托第三章构建的模型和第四章提出的研究假设，对经过筛选清洗的问卷数据进行了描述性统计分析，检验了问卷数据的质量，从而为后续回归分析“把关”。在此基础上，本章采用层次回归分析的研究方法，对数字平台模块化的双元维度（近似可分解性和规则设计明确性）对企业创新（创新质量和创新速度）的直接影响、数字平台模块化双元维度对跨界搜索（跨界搜索广度和跨界搜索深度）的直接影响，以及跨界搜索对企业创新的直接影响等分别进行了检验。通过结构方程模型法，在 Amos 软件中进行了跨界搜索中介效应的实证检验，在检验中介效应的同时，主要变量间的直接影响关系进一步得以验证。基于层次回归分析方法，考察了数字平台治理机制对跨界搜索与企业创新间关系的调节效应。通过替换因变量以及中介效应检验方法，对实证结果进行了稳健性检验。此外，通过对实证数据的进一步分析发现，近似可分解性与规则设计明确性对企业创新影响具有异质性。因此，本书将在第七章，通过解释性案例研究法对“数字平台模块化双维度对企业创新的差异化影响”进行验证。

第七章　数字平台模块化维度对创新差异化影响的验证分析

本章通过解释性案例研究开展双案例对比分析，旨在验证第六章实证检验“进一步讨论”部分所得到的“数字平台模块化双维度对创新具有差异化影响”的结论。通过解释性案例研究的复证，验证侧重近似可分解性和侧重规则设计明确性的数字平台模块化设计对企业创新的影响具有异质性，进而为企业根据不同的模块化场景制定针对性政策或应对措施提供详尽的理论指导。

第一节　案例研究方法的选择

本章采用解释性案例研究法进行双案例对比式分析主要出于以下两点原因：第一，双案例对比式研究方法可以深入且系统地比较两个或多个案例以分析其间差异和相似之处（马鸿佳和林樾，2023），有助于揭示数字平台模块化对企业创新的差异化影响。通过比较侧重近似可分解性和侧重规则设计明确性的数字平台企业，可以深入探讨它们在模块化设计理念上的差异，从而全面理解不同维度特征对企业创新的影响。第二，双案例对比式研究方法有助于提供更为具体的实践分析。通过对比不同案例，能够深入挖掘不同数字平台模块化设计下的创新实践和市场竞争等方面的具体表现，为研究提供更加生动和具体的案例细节和证据。因此，选择双案例对比式研究方法是出于对数字平台模块化对企业创新差异化影响深入理解的迫切需求，以期通过剖析案例，复证实证研究结论，为企业管理实践提供更为“落地”的指导。

（一）案例对象选择

基于“抽样原则”（Eisenhardt 和 Graebner，2007），对侧重近似可分解性的数字平台企业的探索选取 Android 系统为研究对象，对侧重规则设计明确性的数字平台企业的探索选取 iOS 系统为研究对象。

（1）异质性原则。选择 Android 系统和 iOS 系统作为研究对象，是基于二者分别代表了松散耦合和高度灵活的近似可分解性，以及规范统一和稳定一致的规则设计明确性。具体地：近似可分解性强调了在平台分层的嵌套结构，以及平台各层的模块间弱耦合关系。这意味着平台各功能模块可以相对独立地开发、测试和优化，从而实现较高的灵活性和可定制性，使平台呈现趋于分散型特征。Android 系统代表侧重近似可分解性的数字平台企业，其开源码和自由免费的特性可促进不同开发者在其上进行功能模块的定制和开发，形成一个松散耦合、高度灵活的生态系统，其符合近似可分解性的特征。与之相对应，规则设计明确性强调模块界面接口的规则设计明确，即系统内各功能模块之间的接口设计应当清晰、规范，以确保系统整体的异质性和稳定性。iOS 系统侧重于模块化特征中的规则设计明确性，即更注重通过严格的硬件和软件控制，实现对系统的统一设计和规范实现，提供更一致、更稳定的用户体验，并为开发者提供可预测的开发环境。

（2）典型性原则。iOS 操作系统和 Android 操作系统被广泛认定为移动通信领域最具影响力的两个阵营，二者共同促进了通信行业的持续发展和突破。“一个比较封闭，一个比较开放，但二者均取得了成功”（桂黄宝，2017）。

（3）可比性原则。在移动操作系统领域中，iOS 系统和 Android 系统在功能、用户群体和市场份额等方面具有一定的可比性。二者均提供了类似的核心功能，如电话通信、信息传递和网络浏览等，并支持应用程序的安装与运行；二者均服务于移动设备用户群体；二者均在全球范围内占据着重要地位。

（二）案例对象简介

Android 系统在市场份额和多样性上占据优势，而 iOS 系统则更注重用户体验和安全性，分别代表了侧重近似可分解性的“趋于分散”的平台组织与侧重规则设计明确性的“趋于集中”的平台组织的两种不同数字平台模块化设计，在移动操作系统发展历程中都扮演着重要角色，两系统发展的基本情况如表 7－1 所示。

表 7－1　　Android 系统和 iOS 系统发展基本情况

数字平台	Android 系统	iOS 系统
数字平台企业	谷歌/开放手持设备联盟	苹果
首发时间	2008 年 9 月 23 日	2007 年 6 月 29 日
软件兼容性	允许开发者自由定制应用程序	对应用审核严格
硬件兼容性	个性化定制	专业接口

资料来源：笔者根据案例资料整理得到。

第一，Android 操作系统是由谷歌公司开发的，并于 2008 年首次推出。该操作系统基于 Linux 内核，旨在为移动设备提供一个开放源代码的平台。Android 系统以其开放的特性著称，允许开发者自由定制应用程序，并在 Google Play 商店上发布。这导致 Android 系统拥有庞大且多样化的应用生态系统。Android 系统的开放性也体现在硬件兼容性上，不同厂商可以根据自身需求和定位进行定制，因此在市场上存在着众多不同品牌和型号的 Android 设备。第二，iOS 是由苹果公司开发的操作系统，最早于 2007 年随着首款 iPhone 一同发布。相比 Android 系统的开放性，iOS 系统更加封闭，iOS 系统的应用商店 App Store 对应用进行了更为严格的审核，从而确保了应用的质量和安全性。而且，iOS 系统因其精美的用户界面设计、丰富的应用生态系统以及对硬件与软件的良好优化而备受赞誉。

综合来看，Android 系统和 iOS 系统在数字平台企业、首发时间、软件兼容性和硬件兼容性等方面呈现出明显的差异。这些差异不仅影响了系统本身的特性，也为数字平台模块化对企业创新的影响提供了丰富的案例和数据，对于相关研究具有重要的参考价值。

（三）案例数据收集

为保证案例分析结果的信度和效度，本书利用多重数据来源收集资料，并运用三角测量法交叉验证。本书主要通过二手资料来获取相关数据，由于主导 iOS 系统的苹果公司和主导 Andirod 系统的谷歌公司均为行业内的头部数字平台企业，其数字平台模块化的设计理念引起了业界和学界的广泛关注，因此能够通过多种途径获得丰富的研究资料，包括：①公开访谈记录等媒体报道内容。②官方公开渠道的信息，如官微、官网、官博等。③相关文献和案例，如知网的企业案例研究文章、中国案例管理中心收录的案例等。

（四）案例分析框架

近似可分解性强调消解平台系统的复杂性，使平台具有分层并且各层模块间弱耦合的嵌套结构，模块间可以独立创新和演化。这种设计逻辑可以提高平台企业的灵活性和可扩展性，助力快速创新。规则设计明确性模块接口界面的规则设计清晰，提高了模块间的适配性。这样的设计逻辑可以提高平台企业运行的稳定性，实现高质量创新。跨界搜索是指在平台企业各层模块间的搜索，能够汲取异质性创新资源，以实现高质量创新。跨界搜索跨越模块边界，而且跨界搜索在数字平台模块化与企业创新中发挥了中介作用，以上结论已经在实证研究部分得到证实。

更进一步，本章通过对 Android 系统和 iOS 系统的案例分析，着重考察不同数字平台模块化对企业创新的差异化影响以及对应的中间关系机制。本章的分析框架如图 7－1 所示。需要说明的是，近似可分解性与跨界搜索广度、创新质量等之间的关系，在图中不做标注的原因，并非其关系不存在，而是出于本章侧重“差异化”探讨，更多地是对第六章实证结论最后一部分“进一步讨论”中关于数字平台模块化对企业创新差异化影响的复证与实践回应。

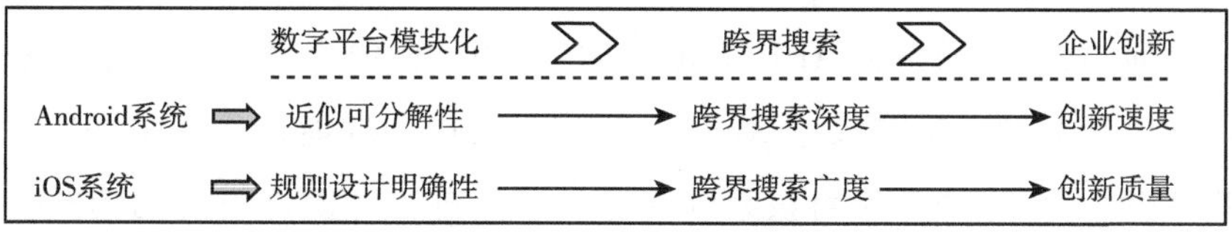

图 7－1　案例分析框架

第二节　解释性双案例分析

数字平台模块化设计的侧重维度不同，在企业创新过程中的表现也会有一定的差异。基于上述提出的分析框架，本节对作为典型的侧重近似可分解性的 Android 系统和作为典型的侧重规则设计明确性的 iOS 系统这两者的创新过程进行分析，并进一步对比和总结二者的差异，以细化数字平台模块化对企业创新的内在作用机理。

（一）侧重近似可分解性的数字平台模块化与企业创新的实现

在数字平台模块化设计理念方面，强调近似可分解性的数字平台模块化设计的战略导向主要是提高创新速度和灵活性、促进生态系统建设和合作创新，以及提高扩展性和兼容性，从而帮助企业在数字化时代更好地适应市场需求，实现持续创新和竞争优势（Ulrich，1995；金姝彤等，2021）。具体地，由于模块之间的独立性，平台企业不同的团队或开发者可以专注于自己负责的模块进行创新，从而加快创新速度。通过模块化设计，企业可以利用已有的模块来快速搭建系统，这样既可以节省开发时间和资源，又可以降低开发成本。而且近似可分解性的模块化设计使系统具有良好的可扩展性和容错性。当需要增加新功能或应对变化时，可以通过添加、替换或升级特定模块来实现，而无须对整个系统进行改动。同时，当某个模块出现问题时，可以更容易地进行定位和修复，而不会对整个系统造成影响。

Android 系统最初是由 Andy Rubin 等在 2003 年 10 月创立的，后来被谷歌公司收购。为共同研发和改进 Android 系统的功能和性能，谷歌主导成立了开放手机联盟，并于 2007 年将该系统的源代码以自由开源许可证的形式公开发布，这一举措被认为是 Android 市场迅猛增长的重要推动力之一（桂黄宝，2017）。Android 系统作为一个开放源代码的移动操作平台，其侧重近似可分解性的模块化设计特点对企业创新产生了深远的影响，该过程概括如图 7－2 所示。

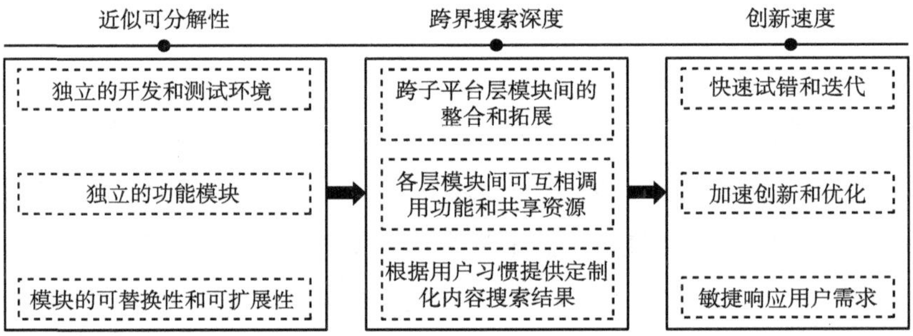

资料来源：笔者根据案例资料整理得到。

图 7－2　Android 系统数字平台模块化对企业创新的作用机理

在 Android 系统开发中，其模块化设计允许平台的不同功能模块以松散耦合的方式存在，Android 系统可以独立更新其核心组件，如浏览器或位置服务，而无须重新安装整个操作系统。而且 Android 系统允许不同的应用通过服务和内容提供者共享数据和功能。例如，相机模块可以提供拍照服务，音乐播放器模块可以提供音乐播放服务。这些服务可以被其他子平台层的模块基于开放的接口进行调用，实现了模块之间的深度整合。这确保了用户设备的及时更新和安全，同时也为设备制造商提供了灵活性，使他们能够快速响应市场需求和安全威胁。Android 系统中的 Android Auto 子平台和 Android TV 子平台将 Android 体验扩展到了汽车和电视这两个领域。通过在这些设备上运行定制的 Android 系统版本，用户可以享受到与智能手机相似的功能和服务。这种跨平台的功能整合体现了 Android 系统模块化设计的灵活性和创新性。

Android 系统的实践充分体现了数字平台模块化设计中结构上的近似可分解性的优势。通过独立的开发和测试环境、独立的功能模块以及模块的可替换性和可扩展性，Android 系统实现了跨各子平台层模块间的搜索与联系，从而可以及时响应用户端，驱动企业跨界搜索提供多元化产品和服务。

（二）侧重规则设计明确性的数字平台模块化与企业创新的实现

规则设计明确性影响平台企业内外部模块互动的开放性，为跨界获取模块外部信息提供了便利，也增加了从中筛选、整合和活力的机会（武建龙和王宏起，2014；王鹏程等，2021）。本书对侧重规则设计明确性的数字平台模块化设计理念，分别从宏观、中观和微观层面展开分析。在宏观开发者层面，规范化的接口和详尽的接口文档为开发者提供了清晰的指导，开发者可高效集成各个模块，减少沟通和协调成本；在中观模块层面，规则设计明确性注重模块间的兼容性，可确保模块稳定协同工作；在微观数据层面，通过规则设计确保数据交换的质量和一致性，实现模块间连接的稳定性和可靠性。

iOS 系统（移动操作平台）作为苹果公司开发的移动操作系统，旨在为 iPhone、iPad 和 iPod Touch 等设备提供稳定、安全且直观的用户体验。iOS 系统以其良好的性能、丰富的应用生态和良好的用户体验而闻名。2008 年 3 月，苹果公司已正式宣布发布 iPhone 应用程序开发工具包（SDK），以供第三方应用程序开发者免费下载，以便于他们能够针对 iPhone 和 iPod Touch 设备开发相关应用软件，这成为 iOS 系统成功的关键之举（施必翔等，2021）。iOS 系统侧重规则设计明确性的数字平台模块化战略导向，为企业创新发展提供有力支持，iOS 系统作为移动操作平台，其规则设计明确性对企业创新的影响主要表现在以下三个方面，可概括如图 7 - 3 所示。

宏观层面，iOS 系统模块化设计注重一致性和直观性的设计原则，采用了规范化的接口规范和详尽的接口文档，鼓励开发者使用统一的设计语言和交互模式创建应用程序。系统提供了丰富的设计指南和界面规范，以确保应用程序在 iOS 系统上具有相似的用户体验。例如，2008 年 3 月初发布的针对

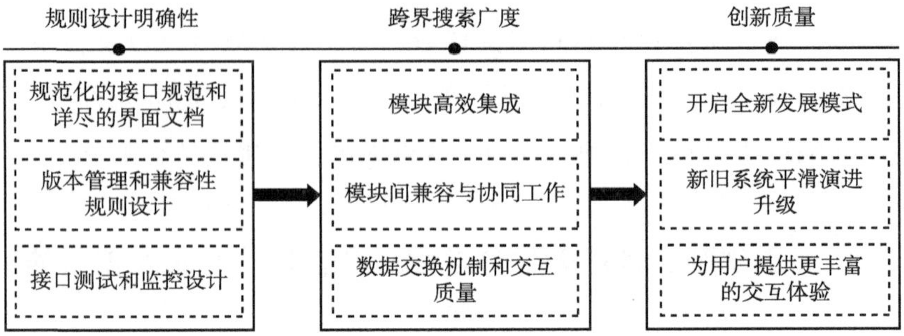

资料来源：笔者根据案例资料整理得到。

图7-3　iOS系统数字平台模块化对企业创新的作用机理

iPhone的应用程序开发工具包，截至2008年12月，下载量超100000次，第三方应用开发者大量接入iOS系统，2008年7月，苹果正式发布App Store，开启了iPhone + App Store的全新发展模式，持续吸引大量开发者并开发基于iOS系统的应用。相较于iOS系统，Android系统注重开发者的自由度和灵活性，鼓励开发者自定义界面和交互，并提供广泛的API和工具。这种自由度可能导致不同开发团队之间在规则设计方面的差异。

中观层面，iOS系统关注模块间的兼容性和协同工作。为了确保不同模块之间的连接在不同系统版本下仍然稳定可靠，iOS系统制定了版本管理和兼容性规定。例如，苹果公司在操作系统升级时保持向后兼容性，并提供详细的迁移指南，帮助开发者更新和适配应用程序，使应用程序在新版本的iOS系统上仍然能够正常运行。通过确保旧版本的应用程序在新系统上仍然能够正常运行，为用户提供了平滑的升级路径，减少了用户迁移的困扰。而且，这种向后兼容性设计不仅增强了用户对苹果产品的信任度，还鼓励用户积极参与新功能的使用和反馈，从而帮助苹果公司不断改进和完善创新，提升创新质量。与iOS系统相比，Android系统在中观模块层面上可能缺乏一致性。由于碎片化和设备多样性，开发者需要更多的努力来确保应用程序在不同设备上的兼容性和稳定性。此外，Android系统的版本升级速度相对较慢，可能导致不同设备之间存在较大的操作系统差异。

微观层面，iOS系统通过接口测试和监控设计以保证数据互换的质量。

Xcode 是苹果公司提供的开发工具套件，包括了强大的接口测试功能，开发者可以使用该工具对模块间的数据交换进行全面的测试和验证。通过 Xcode 实现接口测试，开发者可以模拟各种情况下的数据交换，并检测潜在的问题和错误。通过及时发现和修复这些问题，可以确保模块之间的连接稳定性和可靠性，从而提高整个系统的性能和用户体验。例如，苹果公司 2017 年推出的一项全新 ARKit 技术，该技术由 Xcode 工具支持，使 iOS 设备上的应用程序实现增强现实功能，为用户提供更加丰富的交互体验，提高了苹果公司的创新质量。相对于 iOS 系统，Android 系统注重开放性和灵活性。Google 鼓励开发者自由创新，并提供广泛的 API 和工具。尽管这为开发者带来了更多的自由度，但也可能导致应用程序之间的界面和交互差异较大。

第三节　案例结论与启示

（一）案例结论

通过前文案例梳理和分析发现，侧重近似可分解性的数字平台模块化和侧重规则设计明确性的数字平台模块化对企业创新的内在作用机理存在差异，二者在“数字平台模块化—跨界搜索—企业创新”逻辑下的具体表现形式各不相同，但均可基于各自的模块化特征维度实现企业创新，提升企业竞争优势。在数字平台的架构设计中，侧重近似可分解性原则的模块化设计，能够有效地塑造出一种具有分层嵌套特性的系统结构，允许各个子平台层根据其专门的功能域进行独立的模块化部署，而这些模块之间弱耦合，不仅提升了系统的内聚性，而且增强了模块间的解耦度，使系统具备了更高的灵活性和可维护性。该结构中顶层通常是最接近用户的界面层，它负责处理用户的输入和展示处理结果。底层则可能包含数据存储、业务逻辑处理或其他核心服务模块，为上层提供必要的支持，进而驱动企业更好地适应不断演变的用户需求和技术挑战。

侧重于规则设计明确性的模块化设计，注重同层模块间的跨界搜索，是实现软件系统高效、稳定运行的关键所在。该模块化设计中，模块间的跨界搜索实现的资源流动路径短且直接，显著提高了平台运行效率。同时，同层模块间的跨界搜索，减少了数据的传输距离和响应时间，进一步优化了系统性能。这种设计不仅降低了系统的复杂性，避免了不必要的跨层交互，而且使模块之间的关系更加清晰。明确的接口和简单的交互逻辑减少了出错的可能性，提高了系统的稳定性。模块化设计有助于将系统划分为易于管理的小部分，通过减少复杂性和出错可能性，为用户提供更加可靠的服务。因此，这种设计是系统实现高效、稳定运行不可或缺的一部分。

（二）案例启示

本章采用解释性案例研究法通过对 Android 系统和 iOS 系统开展的双案例对比式分析得到：数字平台模块化有助于推动企业的创新发展，其中，近似可分解性更有利于通过跨界搜索深度加快企业创新；规则设计明确性对跨界搜索广度的积极作用更为显著，可有效提升企业创新质量。

鉴于此，企业应积极探索数字平台模块化设计的差异化策略，以适应不同平台特点和需求。根据不同数字平台的特点进行模块化设计，可以更好地满足平台管理需求，并提高数字平台的灵活性、可扩展性和创新能力。针对 Android 系统的特点，数字平台模块化的设计应注重自治性。Android 系统以其开放性和灵活性而闻名，允许模块自由定制和扩展功能。在这种环境下，模块的设计应强调相对独立性，即每个模块能够独立解决特定问题，并且可以被灵活地替换或升级。这种自治性的设计使模块之间的耦合度降低，提高了整个系统的稳定性和可维护性。

对于 iOS 系统，模块的设计应注重连接性。相对于 Android 系统的开放性，iOS 系统较为封闭，模块之间的连接和协作对于实现整个系统的完整功能至关重要。在这种环境下，模块的设计应注重相互之间的协同工作和信息共享。模块之间的连接即广泛的跨界搜索可以通过规范化的接口和标准界面机制来实现，确保模块之间能够有效地交换数据和共享资源。这种连接性的设计有助于提高整个系统的一致性和稳定性，同时也便于开发者进行协同开发和集成测试，从而提高开发效率和创新质量。

第四节　本章小结

结合第六章的研究内容，本章主要运用解释性案例研究方法对第六章结论中数字平台模块化两维度对企业创新的差异化影响展开进一步论证。首先，通过研究背景剖析明晰了研究的重要性和必要性；其次，基于研究目的选择双案例对比式的研究方法，并依托异质性原则、典型性原则和可比性原则选取了 Android 系统和 iOS 系统两大移动操作系统平台作为案例研究对象；另外，依托全面的二手资料对案例对象展开数据收集，并根据第六章的实证结果和相关理论，确定了案例分析框架；再次，分别深入剖析了侧重近似可分解性的数字平台模块化设计和侧重规则设计明确性的数字平台模块化设计对企业创新的差异化影响路径。最后，归纳解释性案例研究所得结论和案例启示。通过解释性案例研究方法进一步说明实证模型的合理性，为研究成果的“落地”提供了可靠且契合的实践情景研究。

第八章 结论与展望

本书前七章通过分析研究的理论背景和实践背景，进行文献梳理、探索性案例研究与理论推导，提出了数字平台模块化对企业创新内在作用机理的理论模型和相应研究假设，并使用问卷调查数据，运用层次回归分析和结构方程模型对这些假设进行了实证检验。本书揭示了数字平台模块化对企业创新的内在作用机理，以及数字平台治理机制在跨界搜索与企业创新的关系中发挥的调节作用。此外，通过第七章的解释性案例研究，验证了第六章实证结论“进一步讨论”部分所得出的“数字平台模块化维度对企业创新的差异化影响”结论。本章将对全书所得出的主要结论进行综合概括，阐明本书对相关理论和实践领域可能的贡献与启示，并对本书的内在局限性展开思考，进一步探索未来可能的研究方向和潜在的研究课题。

第一节 研究结论

信息技术的快速发展、全球经济的转型和全球经济的竞争加剧，推动企业朝“数字化 + 平台化 + 模块化”的趋势发展，驱动企业实现可持续创新发展。本书开展数字平台模块化更好地“赋能”企业创新的机理研究，契合了时代对企业发展的要求。数字平台模块化以其结构上的近似可分解性和规则上的规则设计明确性双重优势，赋予企业更高的创新能力，完善的数字平台治理机制进一步为企业数字平台模块化发展营造了有利的环境。因此，数字平台模块化的有效设计和运行，实现了企业数字平台模块间的协同与优化，是企业创新升级的重要法宝。

基于此，本书以中国数字平台企业为研究样本，将数字平台模块化、跨界搜索、平台企业创新纳入统一的研究框架，并以平台架构设计理论、交易成本理论、开放式创新理论、组织搜索理论和权变理论作为理论基础，探究数字平台模块化如何推动平台企业创新这一核心议题。本书所得的研究结论具有重要价值：本书剖析了数字平台模块化对企业创新的内在复杂作用机理；揭示了跨界搜索在推动创新质量和创新速度中的重要作用，深化了跨界搜索在数字平台领域的运用；刻画了数字平台治理机制在数字平台模块化促进跨界搜索活动中的权变作用，以此丰富了对治理机制的研究，推进了数字平台模块化相关的理论发展。本书主要借助于理论研究、大样本统计分析以及案例研究等方法，建立了“数字平台模块化—跨界搜索—企业创新”的研究分析框架，研究并解答了以下四个问题：数字平台模块化和跨界搜索的本质特征和维度；数字平台模块化对企业创新的内在作用机理；数字平台治理机制的情景作用；数字平台模块化双重维度对企业创新的差异化影响。本书通过定性与定量研究得出如下结论：

（1）数字平台模块化积极促进企业创新发展。对数字平台企业而言，把握数字平台模块化意味着推进创新速度与创新质量的双重发展。数字平台模块化包含近似可分解性和规则设计明确性两大维度，均对企业创新质量和创新速度的发展具有正向影响。本书通过对来自 394 家中国本土数字平台企业的数据收集和研究分析发现：近似可分解性将庞大复杂的平台系统巧妙地拆解成分层的且各层具有多个独立且高度专业化的模块。这些模块如同乐高积木，可以根据用户需求进行灵活组合和调整。这种设计赋予了平台极大的灵活性和扩展性，使其能够迅速适应不断变化的市场需求。通过明确规则设计，不同功能模块之间的接口可以被准确定义和标准化。这种一致性接口设计有助于降低模块之间的耦合程度，使各个功能模块能够独立开发和改进，而不会对其他模块产生过多的影响。通过界面接口的规则设计，基于以互联网为实体接口和以数据为虚拟接口的路径，模块间可以通过实现数据格式、通信协议、输入输出等方面的匹配，提高模块间的适配性，降低平台企业跨模块搜索的成本，驱动企业将更多资源运用于创新发展中。

（2）跨界搜索是数字平台模块化促进企业创新发展的重要途径。数字经济背景下，跨界搜索实现跨界创新成为企业创新的新范式，数字平台模块化通过影响跨界搜索行为的两个维度作用于企业创新质量和创新速度的发展。数字平台模块化结构上的近似可分解性以其“模块间弱连接关系”的结构性特征，为跨界搜索连接各方模块提供了“关系渠道”，平台企业基于模块化的数字平台，能够有效地连接各层互补功能模块，以敏捷洞察外部市场的商业机会，推动企业进行高质量的、多元化的创新以满足需求端用户的个性化需求。规则设计明确性为跨界搜索的连接行为提供了“基础设施”，为广泛的跨界搜索提供了保障，模块间的资源传递，可促进模块内形成资源共享模式，丰富各层创新资源库，进而驱动平台整体协同创新发展。

（3）数字平台治理机制在跨界搜索对企业创新的影响中发挥调节作用。跨界搜索深度所引发的风险主要集中在知识和信息的安全性方面，特别是在涉及各层不同模块间的信息传递中，尽管模块可能在逻辑上相对独立，但其跨界交互需要共享大量的数据和信息。在该过程中，数据可能遭受未经授权的篡改或丢失，这会对整个系统的稳定性和安全性构成严重威胁。为了应对这些风险，数字平台必须建立一套全面且严格的正式治理机制。这套机制应涵盖数据保护政策、数据校验和验证等关键环节。通过实施这些措施，平台能够对各层跨模块边界的跨界搜索深度过程中的数据传输进行实时监控和有效管理，从而确保数据在传输过程中的完整性和安全性得到充分保障。

跨界搜索广度层面，资源竞争的问题常常在进行同层模块间的跨界搜索时凸显。这是由于在相同的执行环境中，例如共享 CPU 和内存资源的情况，当多个并行执行的模块尝试获取有限的资源时，不可避免地产生了竞争。若无有效的资源协调与分配策略，此类竞争可能会引起系统性能瓶颈甚至失效。相对而言，跨界搜索的深度则涉及多个层级的模块，它们可能在逻辑结构或物理部署上互不干扰。例如，一个专注于网络协议栈的模块与另一个负责数据库管理的模块可能完全独立。在这种跨层级交互中，资源竞争问题可能不如同层搜索那么直接和紧迫。在资源紧张的情况下，这些非正式的协作机制可以促进资源的快速共享和公平分配，从而有效地降低系统响应时间和提高资源利用效率。

第二节　理论贡献

本书综合交易成本理论、平台架构设计理论、组织搜索理论、开放式创新理论和权变理论等相关理论，构建了以数字平台模块化为自变量、跨界搜索为中介变量、数字平台治理机制为调节变量以及企业创新为因变量的理论研究框架。本书立足于数字平台模块化与企业创新发展实践，系统剖析了数字平台模块化对企业创新的内在作用机理，并进一步明晰了数字平台模块化两维度对企业创新的差异化影响。其理论贡献主要体现在以下三个方面：

（1）揭示了数字平台模块化对企业创新的复杂作用机理，为优化数字平台管理实践提供了新理论框架和研究路径。本书以数字平台企业实践困境出发，通过探索性案例研究明晰了数字平台模块化的本质内涵，解构了数字平台模块化的双重维度，探索了数字平台模块化对企业创新作用的关键中介机制即跨界搜索，发现了数字平台模块化对企业创新的差异化影响。本书剖析了近似可分解性的结构特征对数字平台模块内节点间信息共享、思想传递和创新探索的促进作用，强调了规则设计明确性对创新质量和可持续发展的保障作用。本书丰富了开放式创新理论的研究框架，揭示了数字平台模块化设计在促进创新实现和发展方面的重要性，为企业开展数字平台建设提供了理论指导。

（2）跨界搜索是有效联结数字平台模块化正向推进企业创新的重要桥梁。数字平台模块化结构上的近似可分解性侧重为单元模块内节点间交流（跨界搜索深度）提供重要“活动渠道”的结构基础。数字平台模块化的模块界面接口规则设计明确性侧重为模块间的知识交流（跨界搜索广度）提供重要的制度保障。通过这种跨界搜索，扩大了平台企业可访问的创新资源库，可加快创新步伐和提高竞争力。本书基于跨界搜索视角，深化和拓展了有关数字平台模块化与企业创新的关系研究，通过将模块化思想嵌入到企业数字平台赋能创新的研究中，为“数字化＋平台化＋模块化”时代背景下企业创新发展的相关研究提供了理论切入点，可进一步推动跨界搜索研究向纵深方向发展。

（3）丰富了数字平台治理机制的研究。现有平台治理机制主要关注其带来的结果效应，本书为平台企业设计了适宜的平台治理机制。本书针对不同模块化特征下的跨界搜索行为面临的异质性风险，提出了“相机而动”的治理机制。侧重近似可分解性模块化特征的平台架构，赋予各模块技术创新等方面的自由度和自主权，在执行多层次系统模块间的跨界搜索时，存在数据遭到非法篡改或意外遗失的风险，这直接威胁到了数据资产的完整性和可信性。为防范此类风险，必须实施严格的数据质量控制措施，包括构建完善的数据审核流程、校验机制以及其他正式的数据治理框架，从而确保存储和传递的所有信息都是精确无误且未经篡改的，以维护数据的高标准质量要求。平台采用以清晰规则为导向的模块化设计策略，能够促进系统内各模块间更为广泛的跨界交互与搜索，从而扩展服务功能与应用范围。然而，这种设计也可能引起模块间的依赖性增强，进而引发资源分配的冲突与效率问题。为应对这一系列潜在风险，平台需借助非正式的治理手段，如协同合作与灵活的资源再分配机制，来实施有效的风险控制与缓解，以此保障平台企业能够持续健康地成长与发展。

第三节　管理启示

在数字经济繁荣发展的背景下，企业的生存和发展面临着巨大的机遇与挑战，平台企业凭借其模块化的数字平台，在应对数字经济转型中发挥了优势。数字经济时代，数字技术的迅速发展重塑了企业边界，跨界搜索摆脱了时空限制，使跨界创新成为新的创新范式。企业模块化的数字平台以其近似可分解性和规则设计明确性特征为企业跨界搜索提供了重要的关系渠道和基础设施，可驱动平台企业实现跨功能模块的跨界搜索行为，为企业吸纳各方异质性创新资源，促进平台企业的高质量创新发展。基于此，本书通过数字平台模块化、跨界搜索、企业创新、数字平台治理机制之间的理论模型，为数字经济转型背景下平台企业如何构建模块化的数字平台、如何根据自身平台模块化特征设计相宜的治理机制提供了理论指导，为平台企业可持续发展提供了有益启示。

（1）正视数字平台模块化的维度设计和其对创新的差异化影响。数字平台模块化包括结构上的近似可分解性和规则上的规则设计明确性两大维度，近似可分解性简化了平台企业内部系统的复杂性，明晰了平台企业各功能模块间的耦合关系，并通过各层相应模块间的响应，驱动企业快速开展适应性创新。关注规则设计的明确性，有助于功能模块的集成与扩展。模块接口界面规则设计提高了模块连接的适配性，使不同模块之间的数据交换和功能操作变得简单，且易与异质性功能模块匹配连接，吸纳异质性创新资源，丰富平台企业创新资源库，提升平台企业创新的质量和可持续性。

因此，企业需要在数字平台的模块化设计中平衡这两个维度，实现有针对性的系统开发和精准运营，从而更高效地推动创新。这意味着企业在数字平台架构设计过程中需要认真考虑数字平台模块化的双重维度，根据自身的特点和市场环境，灵活调整数字平台模块化设计的侧重点，以实现有针对性的创新发展，保持可持续竞争优势。总之，数字平台模块化设计的成功对企业创新至关重要，而对不同维度的侧重将会对创新产生差异化的影响。因此，企业需要在数字平台模块化设计中充分认识到这一点，并加以合理地引导和管理，以实现创新速度和创新质量的双重提升。

（2）重视在模块化的数字平台赋能平台企业创新过程中跨界搜索的“桥梁”作用。在数字平台的模块化架构中，平台企业能够通过不同层级模块的相互嵌套，实现从用户需求抽象到具体功能的深度整合，这种整合方式超越了传统的时间和空间界限，放大了网络效应的影响。平台的每一层次都由松散耦合的模块组成，各层模块间的跨界搜索即搜索深度，促进了平台企业在面对用户需求变化时能够快速进行产品和服务的创新升级。模块接口以规则设计吸引各方功能模块，吸纳各方功能模块的异质性资源，扩大模块可访问的创新资源库，驱动平台企业高质量创新。因此，数字平台企业在构建模块化的数字化基础设施时，应充分认识到跨界搜索行为的战略价值，并相应制定相关的管理策略与实践措施，以促进其创新能力与竞争优势的持续提升。

（3）为企业发展提供“相机而动”的治理机制。数字平台作为一个开放互联的环境，为企业创新提供了广泛的机会和挑战，充分认识和完善数字平台治理机制对于跨界搜索促进企业创新过程具有重要意义。一方面，数字平台正式治理机制作为数字平台治理的基础，可以提供稳定的规则和框架，为跨界搜索深度中出现的数据被篡改或丢失风险，提供必要的正式治理机理。如：设立严格的数据保护政策、数据加密技术、有效的访问控制、数据校验机制，这些措施共同确保了各层模块间跨界搜索行为的完整性、安全性和合规性。另一方面，在面对同层模块的跨界搜索过程中出现的资源竞争等行为，通过非强制性的约束、激励和协调，帮助平台在资源竞争等情况下实现更好的沟通协作和资源调配。如：社区监督、声誉系统、网络舆论、合作伙伴关系、内部自律、危机应对机制和知识治理机制等。

第四节　未来研究展望

数字平台模块化和企业创新是数字经济时代的核心议题之一，本书梳理了国内外学术界具有代表性的研究，构建了数字平台模块化、跨界搜索与企业创新之间的作用模型，并通过大样本实证研究考察了数字平台模块化双重维度即近似可分解性和规则设计明确性对企业创新质量和创新速度的差异化影响，探讨了跨界搜索在数字平台模块化各维度影响企业创新过程中的中介作用，以及数字平台治理机制的完善程度对跨界搜索与企业创新的调节效应。同时，通过解释性案例研究对三者关系进行了分析和论证。然而，囿于精力、时间及其他因素的影响，本书仍然存在一定的不足和需要改进的空间。主要包括：

（1）由于调查问卷发放和数据回收有困难，并未均匀地在全国范围内发放，主要集中在山西、北京、浙江等地，考虑到基于某一特定地区或研究对象所在的某一些特定行业会有局限，因而本书的结果和结论的普适性以及可再生性还有待进一步验证和讨论。在本书的问卷设计中，考察了样本所属行业、企业规模、企业成立年限、企业的主营业务收入等样本特征；并且基于多源渠道对问卷进行发放并收集数据，主要包括现场调研、线上邮箱、微信和腾讯会议等以及委托相关机构发放等，此次所获的数据样本基本满足研究所提出的要求，但由于本书的样本企业主要集中在山西、北京、浙江等地区，难以排除企业内在特性、地区等局限性因素的影响，这可能会影响到研究结论的普适性。

（2）通过问卷调查，基于测量题项对企业实践情况进行主观评价的方式，来考察数字平台模块化过程中存在的问题，可能会受到受访者认知、个人偏好等一些主观因素的影响，这会在一定程度上影响问卷调查收集数据的客观性以及研究结果的可行性和可靠性。尽管本书采取了多渠道的问卷收集、程序控制、因子检验等多种手段对其加以控制，但研究结论仍然可能存在偏差。因此，后续研究中可以通过网络上的大数据，利用爬虫技术抓取更为客观的数据对跨界搜索等变量进行更为客观的测量。

（3）在理论研究部分，本书基于数字平台治理机制视角，分别探讨了数字平台正式治理机制和数字平台非正式治理机制对跨界搜索和企业创新之间的调节作用，但是，就数字平台正式治理机制和非正式治理机制之间的协调和平衡等关系未开展深入探讨。因此，在后续研究中，可考虑数字平台正式治理机制和非正式治理机制之间可能存在的交互作用。

参考文献

一、中文部分

[1] 王海军、陈劲、冯军政："模块化嵌入的一流企业产学研用协同创新演化：理论建构与案例探索"，《科研管理》，2020年第5期。

[2] 郝斌、Anne－Marie Guerin："组织模块化对组织价值创新的影响：基于产品特性调节效应的实证研究"，《南开管理评论》，2011年第2期。

[3] 曹虹剑、贺正楚、熊勇清："模块化、产业标准与创新驱动发展——基于战略性新兴产业的研究"，《管理科学学报》，2016年第10期。

[4] 陶颜、周丹、魏江："服务模块化、战略柔性与创新绩效——基于金融企业的实证研究"，《科学学研究》，2016年第4期。

[5] 游博、龙勇："模块化对新产品绩效的影响——基于模块化系统间联系及绩效影响机制的实证研究"，《研究与发展管理》，2016年第5期。

[6] 张虎翼、冯立杰、朱天聪："模块化视角下产品的创新路径研究"，《机械设计》，2022年第3期。

[7] 梅景瑶、郑刚、朱凌："数字平台如何赋能互补者创新——基于架构设计视角"，《科技进步与对策》，2021年第12期。

[8] 徐岸峰、陈继明、李玥："数字平台企业的核心能力与作用机制研究"，《科学决策》，2023年第10期。

[9] 付咸瑜、丁明鲜："数字经济背景下跨界搜索与双元创新对新零售企业成长的影响"，《商业经济研究》，2023年第12期。

[10] 董杰、王士勇："数字技术与企业商业模式创新关系实证分析——资源拼凑与跨界搜索有调节的中介作用"，《商业经济研究》，2023年第11期。

[11] 张付英、段晶莹、陈建垒：“面向产品可持续设计的关键功能模块识别方法”，《计算机集成制造系统》，2019 年第 7 期。

[12] 章凯、罗文豪：“科学理论的使命与本质特征及其对管理理论发展的启示”，《管理学报》，2015 年第 7 期。

[13] 裴军、周娅、彭张林：“高端装备智能制造创新运作：从平台型企业到平台型供应链”，《管理世界》，2023 年第 1 期。

[14] 金姝彤、王海军、陈劲：“模块化数字平台对企业颠覆性创新的作用机理研究——以海尔 COSMOPlat 为例”，《研究与发展管理》，2021 年第 6 期。

[15] 王海军、赵惠妍、金姝彤：“模块化如何赋能企业智能制造升级？一个探索性案例研究”，《科技进步与对策》，2023 年第 9 期。

[16] 束超慧、王海军、刘俊峰：“模块化驱动的颠覆性技术创新网络演化研究——以智能语音为例”，《科技进步与对策》，2023 年第 6 期。

[17] 彭本红、武柏宇：“跨界搜索、动态能力与开放式服务创新绩效”，《中国科技论坛》，2017 年第 1 期。

[18] 卢强、杨晓叶、周琳云：“关系治理与契约治理对于供应链融资绩效的影响研究”，《管理评论》，2022 年第 8 期。

[19] 宁连举、孙中原、袁雅琴：“基于交易成本理论的商业生态系统形成与演化机制研究”，《经济问题》，2020 年第 6 期。

[20] 吴晓晖、徐逢教、娄景辉：“市场制度、市场竞争与集团化收益——来自中国的经验证据”，《金融研究》，2008 年第 1 期。

[21] 刘华涛：“自然垄断行业竞争性业务开放的理论逻辑”，《当代经济管理》，2021 年第 8 期。

[22] 张靓、何龙飞：“基于产品合作创新视角的企业间网络组织演化研究”，《科学学与科学技术管理》，2010 年第 7 期。

[23] 邵兵家、邓之宏、李黎明：“组织间关系形成的动因分析”，《中国科技论坛》，2005 年第 2 期。

[24] 王海军、金姝彤：“如何驱动企业颠覆性创新：模块化数字平台视角的探讨”，《中国科技论坛》，2020 年第 10 期。

[25] 高若阳：“基于知识观的组织模块性与企业适应性研究”，浙江大

学博士学位论文，2011 年。

［26］李晓莉：“科技新创企业跨界搜索对不连续创新的影响研究”，大连理工大学博士学位论文，2023 年。

［27］郭海、韩佳平：“数字化情境下开放式创新对新创企业成长的影响：商业模式创新的中介作用”，《管理评论》，2019 年第 6 期。

［28］郭艳婷、郑刚、钱仲文：“开放式创新视角下企业基于跨边界协同的新型追赶路径与模式初探”，《科研管理》，2019 年第 10 期。

［29］彭本红、鲁倩：“平台型企业开放式服务创新的风险成因及作用机理”，《科学学研究》，2018 年第 1 期。

［30］谢卫红、王永健、蓝海林：“产品模块化对企业竞争优势的影响机理研究”，《管理学报》，2014 年第 4 期。

［31］王鹏程、仕刘念：“组织模块化能否提高制造企业服务创新绩效？——基于组织信息处理理论的视角”，《管理评论》，2021 年第 11 期。

［32］王海军、张悦、张文耕：“组织模块化对研究型大学技术转移绩效的影响”，《科技进步与对策》，2021 年第 24 期。

［33］张任之：“新一代信息技术驱动制造业价值链重构研究——基于模块化理论视角”，《学习与探索》，2022 年第 10 期。

［34］张枢盛、陈劲、杨佳琪：“基于模块化与价值网络的颠覆性创新跃迁路径——吉利汽车案例研究”，《科技进步与对策》，2021 年第 4 期。

［35］杨瑾、王雪娇：“模块化、知识流动与装备制造业集群企业创新绩效”，《软科学》，2019 年第 12 期。

［36］王凤彬、王骁鹏、张驰：“超模块平台组织结构与客制化创业支持——基于海尔向平台组织转型的嵌入式案例研究”，《管理世界》，2019 年第 2 期。

［37］李柏洲、徐广玉：“知识粘性、服务模块化和知识转移绩效关系的研究”，《科学学研究》，2013 年第 11 期。

［38］杨瑾、郝姿容：“生产性服务外包、产品模块化与高端装备制造企业竞争力——动态能力调节的视角”，《研究与发展管理》，2017 年第 6 期。

［39］陈凌峰、赵剑冬：“大规模定制模块化形成机理研究——基于供应

链协作视角”，《技术经济与管理研究》，2018 年第 9 期。

［40］郑帅、王海军：“数字化转型何以影响枢纽企业创新绩效？——基于模块化视角的实证研究”，《科研管理》，2022 年第 11 期。

［41］余东华、马路萌：“数字化转型、平台化变革与企业创新绩效——基于‘技术—组织—创新’范式的分析”，《改革》，2024 年第 2 期。

［42］蔡瑞林、陈万明、朱广华：“创新模式对竞争战略、创新速度的影响研究”，《中国科技论坛》，2014 年第 11 期。

［43］奉小斌、马晓书：“知识搜索如何影响逆向国际化企业创新速度和创新质量?”，《软科学》，2021 年第 10 期。

［44］古继宝、王冰、吴剑琳：“双向开放式创新、创新能力与新产品市场绩效”，《经济与管理研究》，2017 年第 11 期。

［45］吴爱华、苏敬勤：“组织情境对创新速度影响的实证分析——技术不确定性的调节作用”，《科学学与科学技术管理》，2012 年第 3 期。

［46］俞立平、钟昌标、王作功：“高技术产业创新速度与效益的互动机制研究”，《科研管理》，2018 年第 7 期。

［47］王树斌、杨德林、王超发、李彦昭：“外部技术扩散模式下的高新技术企业成长研究”，《科学学研究》，2021 年第 9 期。

［48］陈晓红、邓全林、关健：“效果推理逻辑对新创科技企业创新的影响研究”，《科研管理》，2022 年第 12 期。

［49］申静、耿瑞利：“智库知识共享、智力资本与创新能力的作用关系研究”，《情报科学》，2020 年第 6 期。

［50］王娟茹、杨苗苗、李正锋：“跨界搜索、知识整合与突破性创新”，《研究与发展管理》，2020 年第 3 期。

［51］闫佳祺、罗瑾琏：“科研团队双元领导与创新绩效”，《科学学研究》，2018 年第 11 期。

［52］奉小斌、马晓书：“逆向国际化企业知识搜索如何影响其创新速度和创新质量”，《软科学》，2023 年第 20 期。

［53］郎春婷：“数字交易平台互补企业决策逻辑对绩效影响机理研究”，吉林大学博士学位论文，2023 年。

[54] 王晨筱："利益相关者视角下高新技术企业颠覆性创新机制研究"，哈尔滨工业大学博士学位论文，2022年。

[55] 沈玉燕："模块化特征、知识转移与平台组织绩效研究"，浙江工商大学博士学位论文，2016年。

[56] 宋浩亮："战略导向、技术创新速度：两者关系的实证研究"，《科学学与科学技术管理》，2010年第10期。

[57] 莫长炜："成本领先战略对提高产品创新速度的影响——基于内容分析法的研究"，《中国经济问题》，2011年第1期。

[58] 马永远、孙卫、朱协童："新产品开发团队的创新速度研究"，《科学学与科学技术管理》，2014年第6期。

[59] 单鹏、裴佳音："创业导向对创业绩效的影响机制研究——创新速度的中介作用"，《湖南大学学报（社会科学版）》，2018年第1期。

[60] 孙卫、崔范明、李垣："新产品开发团队领导行为、团队效力与团队绩效关系研究"，《管理工程学报》，2010年第4期。

[61] 张海丽、Michael Song、贺换换："突破创新速度的困境：变革型领导作用的跨国研究"，《管理工程学报》，2021年第6期。

[62] 兰斓："不同规模企业自主创新速度及影响因素对比研究"，《科技进步与对策》，2011年第7期。

[63] 孙博、刘善仕、葛淳棉："人才流动网络对企业创新速度的影响研究"，《科学学研究》，2021年第6期。

[64] 王小博、张毅："社会资本对物流企业经营绩效的作用机理：基于创新速度与质量"，《商业经济研究》，2021年第10期。

[65] 冷松、张玉蒙、俞立平："区域创新政策、研发投入与创新速度"，《云南财经大学学报》，2022年第10期。

[66] 俞立平、万晓云："技术市场厚度、流畅度与创新速度"，《统计与决策》，2022年第1期。

[67] 梁玲玲、张悦："数字技术驱动下的制造企业创新质量提升路径"，《财会月刊》，2023年第2期。

[68] 孙兆刚："面向创新驱动战略的创新质量分析"，《工业技术经济》，

2015 年第 2 期。

［69］袁航、茶洪旺、郑婷婷：“创新数量、创新质量与中国产业结构转型互动关系研究——基于 PVAR 模型的实证分析”，《经济与管理》，2019 年第 2 期。

［70］姜博、马胜利、王大超：“中国高技术产业创新质量内涵与测度研究”，《社会科学》，2019 年第 3 期。

［71］马永红、张景明、王展昭：“我国高技术产业创新质量空间差异性分析”，《经济问题探索》，2014 年第 9 期。

［72］张永安、关永娟：“政府补助对企业创新绩效的影响”，《工业技术经济》，2021 年第 2 期。

［73］郑婷婷、王虹、干胜道：“税收优惠与创新质量提升——基于数量增长与结构优化的视角”，《现代财经（天津财经大学学报）》，2020 年第 1 期。

［74］孙自愿、梁晨、卫慧芳：“什么样的税收优惠能够激励高新技术企业创新——来自优惠强度与具体优惠政策的经验证据”，《北京工商大学学报（社会科学版）》，2020 年第 5 期。

［75］钟腾、汪昌云：“金融发展与企业创新产出——基于不同融资模式对比视角”，《金融研究》，2017 年第 12 期。

［76］王璐、崔耕瑞、林木西：“数字金融、城市异质性与创新质量提升”，《北京交通大学学报（社会科学版）》，2023 年第 1 期。

［77］李晓龙、冉光和：“数字金融发展如何影响技术创新质量？”，《现代经济探讨》，2021 年第 9 期。

［78］崔新蕾、刘欢：“国家创新型城市设立与区域创新能力”，《科研管理》，2022 年第 1 期。

［79］刘伟丽、林玮菡：“质量创新与创新质量空间差异及耦合协调研究——基于中国高技术产业的经验分析”，《财经问题研究》，2018 年第 6 期。

［80］马永军、张志武、赵泽：“技术引进、吸收能力与创新质量——来自中国高技术产业的经验证据”，《宏观质量研究》，2021 年第 2 期。

［81］刘永松、王婉楠、全涵煦：“外部技术获取、区域制度环境与高技术产业创新质量”，《云南财经大学学报》，2021 年第 10 期。

［82］宫东真、景维民、祝德生："对外技术依赖对企业创新质量的影响机制"，《商业研究》，2022 年第 2 期。

［83］俞立平、张宏如："区域创新升级：如何从创新数量走向创新质量——基于统计学视角的模式识别及跃迁机制研究"，《中国软科学》，2023 年第 2 期。

［84］胡谍、佘茂艳、杨雪："企业外部知识搜寻多维结构与创新质量关系研究"，《科技进步与对策》，2022 年第 4 期。

［85］杨张博、王钦："结构的力量：联盟网络对企业技术创新影响研究"，《科研管理》，2022 年第 7 期。

［86］李武威、张园园："女性参与高管团队对企业绩效的影响——基于 Meta 分析的检验"，《财会月刊》，2019 年第 4 期。

［87］祝继高、叶康涛、严冬："女性董事的风险规避与企业投资行为研究——基于金融危机的视角"，《财贸经济》，2012 年第 4 期。

［88］万姝懿、詹一虹："女性高管参与会影响企业创新吗——基于文化创意上市企业的检验"，《财会月刊》，2023 年第 7 期。

［89］陈晓红、邓全林、关健："效果推理逻辑对新创科技企业创新的影响研究"，《科研管理》，2022 年第 12 期。

［90］王卓琼、黄爽、宋增基："高管技术经历与企业创新质量：来自 A 股制造业上市公司的证据"，《宁夏社会科学》，2023 年第 1 期。

［91］张文红、赵亚普、施建军："创新中的组织搜索：概念的重新架构"，《管理学报》，2011 年第 9 期。

［92］梁阜、张志鑫："外部知识搜索及其双元性的创新效应研究"，《情报杂志》，2019 年第 1 期。

［93］胡畔、于渤："跨界搜索、能力重构与企业创新绩效——战略柔性的调节作用"，《研究与发展管理》，2017 年第 4 期。

［94］彭本红、马铮、张晨："平台型企业开放式服务创新跨界搜索模式研究：以百度为例"，《中国科技论坛》，2017 年第 8 期。

［95］杨苗苗、王娟茹："跨界搜索、知识整合与企业可持续竞争优势"，《科学学研究》，2020 年第 4 期。

［96］殷俊杰、邵云飞：“跨界搜索均衡对企业创新绩效的影响——战略柔性的调节作用”，《技术经济》，2017 年第 7 期。

［97］李敏：“跨界搜索对中小制造企业非研发创新的影响研究——企业家创新精神的调节作用”，《东岳论丛》，2020 年第 10 期。

［98］奉小斌、苏佳涵、马晓书：“逆向国际化企业跨界搜索如何影响商业模式创新？——制度嵌入的非线性调节作用”，《研究与发展管理》，2021 年第 2 期。

［99］奉小斌、周佳微：“逆向国际化企业多维跨界搜索与创新绩效的关系研究：效果推理的调节作用”，《科研管理》，2021 年第 8 期。

［100］张文红、张骁、翁智明：“制造企业如何获得服务创新的知识？——服务中介机构的作用”，《管理世界》，2010 年第 10 期。

［101］王建军、叶明海、曹宁：“知识权力、跨界搜索与企业创新绩效的关系研究”，《软科学》，2020 年第 2 期。

［102］李姗姗、黄群慧：“社会创业导向、跨界搜索与社会企业绩效：市场环境的调节作用”，《科技进步与对策》，2022 年第 2 期。

［103］张文红、赵亚普：“组织冗余与制造企业的服务创新”，《研究与发展管理》，2015 年第 5 期。

［104］韵江、杨柳、付山丹：“开放式创新下‘吸收－解吸’能力与跨界搜索的关系”，《经济管理》，2014 年第 7 期。

［105］胡保亮、赵田亚、闫帅：“高管团队行为整合、跨界搜索与商业模式创新”，《科研管理》，2018 年第 12 期。

［106］罗巍、张阳、唐震：“基于协同创新的欧盟创新驿站平台机制研究”，《科技管理研究》，2015 年第 23 期。

［107］董津津、陈关聚：“技术创新视角下平台生态系统形成、融合与治理研究”，《科技进步与对策》，2020 年第 20 期。

［108］袁宇、张嵩、卢宝周：“制造业创业平台动态演化及治理机制——边界资源调优视角”，《中国软科学》，2021 年第 11 期。

［109］焦豪、杨季枫：“数字技术开源社区的治理机制：基于悖论视角的双案例研究”，《管理世界》，2022 年第 11 期。

［110］陈敏灵、米雪梅、薛静："创新驱动平台的构建、协同创新机制及治理研究——以陕西秦创原为例"，《科学管理研究》，2023 年第 2 期。

［111］彭本红、仲钊强："治理机制、网络嵌入对平台企业开放式服务创新绩效的影响"，《科技进步与对策》，2021 年第 3 期。

［112］魏江、刘嘉玲、刘洋："数字经济学：内涵、理论基础与重要研究议题"，《科技进步与对策》，2021 年第 21 期。

［113］李作良："知识管理视角的文化创意产业价值创新模块化研究"，复旦大学 2014 年博士学位论文。

［114］肖静华、谢康、吴瑶："从面向合作伙伴到面向消费者的供应链转型——电商企业供应链双案例研究"，《管理世界》，2015 年第 4 期。

［115］朱沛宇、缪小明、靳书默："跨界搜索、资源协奏与企业商业模式创新：共享认知的调节作用"，《管理工程学报》，2023 年第 20 期。

［116］王雎："开放式创新下的知识治理——基于认知视角的跨案例研究"，《南开管理评论》，2009 年第 3 期。

［117］徐宏玲："模块化组织价值创新：原理、机制及理论挑战"，《中国工业经济》，2006 年第 3 期。

［118］王倩、柳卸林："企业跨界创新中的价值共创研究：基于生态系统视角"，《科研管理》，2023 年第 4 期。

［119］刘春林、田玲："人才政'背书'能否促进企业创新"，《中国工业经济》，2021 年第 3 期。

［120］解晓晴、张镒、刘祎等："创新平台赋能对新创企业跨界搜索的影响：即兴能力和环境不确定性的作用"，《经济与管理研究》，2023 年第 5 期。

［121］吴晓波、郭瑞、熊磊："跨界搜索、企业内部协作网络与创新产出技术影响力：基于全球半导体行业的实证分析"，《西安电子科技大学学报（社会科学版）》，2013 年第 6 期。

［122］周飞、沙振权、孙锐："市场导向、资源拼凑与商业模式创新的关系研究"，《科研管理》，2019 年第 1 期。

［123］谢一鸣、陈奕龙、张华："知识获取与个体创新：知识网络与合作网络嵌入的双重作用"，《科技与经济》，2018 年第 6 期。

[124] 李彦勇、林润辉："知识网络结构、跨界搜索对组织突破性创新的影响：美国人工智能技术领域专利的分析"，《科技管理研究》，2020年第23期。

[125] 胡保亮、方刚："网络位置、知识搜索与创新绩效的关系研究——基于全球制造网络与本地集群网络集成的观点"，《科研管理》，2013年第11期。

[126] 张福学："知识管理系统的设计思路与实现工具"，《情报杂志》，2002年第3期。

[127] 张镒、刘人怀："互补性资产、平台领导力对双元创新的影响——基于环境复杂性的调节作用"，《管理评论》，2020年第10期。

[128] 李鹏利："基于多维异质性的企业间价值共创实现机理及路径研究"，山西财经大学2021年博士学位论文。

[129] 温忠麟、张雷、侯杰泰："中介效应检验程序及其应用"，《心理学报》，2004年第5期。

[130] 刘汉民、张晓庆："网络零售平台治理机制对卖家机会主义行为的影响——以感知不确定性为调节变量"，《商业经济与管理》，2017年第4期。

[131] 风笑天：《社会调查中的问卷设计》，天津人民出版社，2002年1月。

[132] 苏道明、吴宗法、刘臣："外部知识搜索及其二元效应对创新绩效的影响"，《科学学与科学技术管理》，2017年第8期。

[133] 俞立平、戴化勇、蔡绍洪："创新数量、创新质量对外贸出口影响效应研究"，《科研管理》，2019年第10期。

[134] 李向东、李南、白俊红等："高技术产业研发创新效率分析"，《中国软科学》，2011年第2期。

[135] 侯建、陈恒："自主研发、技术转移方式与区域创新质量"，《中国科技论坛》，2016年第11期。

[136] 杨幽红："创新质量理论框架：概念、内涵和特点"，《科研管理》，2013年第S1期。

[137] 弋亚群、姬璟、陈玉："不良竞争对新产品开发速度与质量的作用研究——政府导向的调节作用"，《科学学与科学技术管理》，2018年第7期。

[138] 旷爱萍、蒋晓澜、常青："'新基建'、创新质量和数字经济：基于中国省级数据实证研究"，《现代管理科学》，2021年第5期。

［139］张丹、宋林、魏薇等："孵化网络治理机制对企业创新绩效的影响——网络能力的中介效应"，《科技进步与对策》，2019 年第 5 期。

［140］李浩、胡海青："孵化网络治理机制对网络绩效的影响：环境动态性的调节作用"，《管理评论》，2016 年第 6 期。

［141］贯君、徐建中、林艳："跨界搜寻、网络惯例、双元能力与创新绩效的关系研究"，《管理评论》，2019 年第 12 期。

［142］马鸿佳、林樾："数字平台企业如何实现价值创造？——遥望网络和海尔智家的双案例研究"，《外国经济与管理》，2023 年第 9 期。

［143］桂黄宝："企业创新生态系统演化：iOS 与 Android 案例回溯研究"，《科技进步与对策》，2017 年第 16 期。

［144］武建龙、王宏起："战略性新兴产业突破性技术创新路径研究——基于模块化视角"，《科学学研究》，2014 年第 4 期。

［145］施必翔、唐方成、刘锐剑："平台到生态系统成长的优势效应——基于 iOS 移动操作系统的案例研究"，《科技进步与对策》，2021 年第 3 期。

二、英文部分

［1］Simon H A. The Architecture of Complexity［J］. Proceedings of the American Philosophical Society，1962，106（6）：467－482.

［2］Baldwin C Y，Clark K B，Design Rules：The Power of Modularity. Massachusetts：MIT Press，2000.

［3］Eisenmann T，Parker G，Van Alstyne M W，Strategies for Two－Sided Markets［J］. Harvard Business Review，2006，84（10）：92－101.

［4］Cyert R，March J. A Behavioral Theory of the Firm［M］. Englewood Cliffs，NJ：Prentice－Hall，1963.

［5］Chen Y，Pereira I，Patel P C，Decentralized Governance of Digital Platforms［J］. Journal of Management，2020，47（5）：1305－1337.

［6］Thomas L D W，Ritala P，Ecosystem Legitimacy Emergence：A Collective Action View［J］. Journal of Management，2022，48（3）：515－541.

［7］Hempel C G，Philosophy of Natural Science. New Jersey：Pearson Education Inc, 1966.

[8] Coase R H, The Nature of the Firm [J]. Economica, 1937, 4 (16): 386 -405.

[9] Williamson O E, Markets and Hierarchies: Analysis and Antitrust Implications. New York: Free Press, 1975.

[10] Choudary S P, Platform Scale: How an Emerging Business Model Helps Startups Build Large Empires with Minimum Investment. Platform Thinking Labs, 2013.

[11] Gawer A, Bridging Differing Perspectives on Technological Platforms: Toward an Integrative Framework [J]. Research Policy, 2014, 43 (7): 1239 - 1249.

[12] Hagiu A, Wright J, Multi - Sided Platforms [J]. International Journal of Industrial Organization, 2020 (73): 102632.

[13] Parker G, Van Alstyne M, Platform Ecosystems: How Developers Invert the Firm [J]. MIS Quarterly, 2017, 41 (1): 255 -266.

[14] Tiwana A, Konsynski B, Bush A A, Research Commentary - Platform Evolution: Coevolution of Platform Architecture, Governance, and Environmental Dynamics [J]. Information Systems Research, 2010, 21 (4): 675 -687.

[15] Sidhu J S, Commandeur H R, Volberda H W, The Multifaceted Nature of Exploration and Exploitation: Value of Supply, Demand, and Spatial Search for Innovation [J]. Organization Science, 2007, 18 (1): 20 -38.

[16] Chesbrough H W. Open Innovation: The New Imperative for Creating and Profiting from Technology [M]. Harvard Business Press, 2003.

[17] Rosenkopf L, Nerkar A. Beyond Local Search: Boundary - Spanning, Exploration, and Impact in the Optical Disk Industry [J]. Strategic Management Journal, 2001, 22 (4): 287 -306.

[18] Ahuja G, Katila A R. Where Do Resources Come From? The Role of Idiosyncratic Situations [J]. Strategic Management Journal, 2004, 25 (8/9): 8870 - 8907.

[19] Stuart T E, Podolny J M. Local Search and the Evolution of Technologi-

cal Capabilities [J]. Strategic Management Journal, 1996, 17 (s1): 21-38.

[20] Laursen K, Salter A J. The Paradox of Openness: Appropriability, External Search and Collaboration [J]. Research Policy, 2014, 43 (5): 867-878.

[21] Katila R, Ahuja G. Something Old, Something New: A Longitudinal Study of Search Behavior and New Product Introduction [J]. Academy of Management Journal, 2002, 45 (6): 1183-1194.

[22] West J. Academic Engagement in Public and Private Firms and the Productivity of U. S. Semiconductor Industry [J]. Research Policy, 2009, 38 (5): 802-812.

[23] Fiedler F E. A Theory of Leadership Effectiveness [J]. The Journal of Applied Psychology, 1967, 1 (2): 159-168.

[24] Simon H A. Theories of Bounded Rationality [J]. Decision and Organization, 1972, 1 (1): 161-176.

[25] Sanchez, Mahoney. Modularity, Flexibility, and Knowledge Management in Product and Organization Design [J]. Strategic Management Journal, 1996, 17 (S2): 63-76.

[26] Schilling M A. Toward a General Modular Systems Theory and Its Application to Interfirm Product Modularity [J]. Academy of Management Review, 2000, 25 (2): 312-334.

[27] Vickery S K, Koufteros X, Droge C. Product Modularity, Process Modularity, and New Product Introduction Performance: Does Complexity Matter? [J]. Production and Operations Management, 2015b, 25 (4): 751-770.

[28] Lau A, Richard C, Tang E. The Impacts of Product Modularity on Competitive Capabilities and Performance: An Empirical Study [J]. International Journal of Production Economics, 2007, 105 (1): 1-20.

[29] Tiwana A. Does Interfirm Modularity Complement Ignorance? A Field Study of Software Outsourcing Alliances [J]. Strategic Management Journal, 2008, 29 (11): 1241-1252.

[30] Stalk G. Time the Next Source of Competitive Advantage [J]. Harvard

Business Review, 1988 (66): 41 –51.

[31] Kessler E H, Chakrabarti A K. Innovation Speed: A Conceptual Model of Context, Antecedents, and Outcomes [J]. Academy of Management Review, 1996, 21 (4): 1143 –1191.

[32] Brown S L, Eisenhardt K M. Product Development – Past Research, Present Findings and Future Directions [J]. Academy of Management Review, 1995, 20 (2): 343 –378.

[33] Wang Z, Wang N. Knowledge Sharing, Innovation and Firm Performance [J]. Expert Systems with Applications, 2012, 39 (10): 8899 –8908.

[34] Kessler E H, Bierly P E. Is Faster Really Better? An Empirical Test of the Implications of Innovation Speed [J]. IEEE Transactions on Engineering Management, 2002, 49 (1): 2 –12.

[35] Langerak F, Hultink E J. The Impact of Product Innovativeness on the Link between Development Speed and New Product Profitability [J]. Journal of Product Innovation Management, 2006, 23 (3): 203 – 214.

[36] Carbonell P, Rodriguez A I. The Impact of Market Characteristics and Innovation Speed on Perceptions of Positional Advantage and New Product Performance [J]. International Journal of Research in Marketing, 2006, 23 (1): 88 –101.

[37] Shi X, et al. External Knowledge Search and Firms' Incremental Innovation Capability: The Joint Moderating Effect of Technological Proximity and Network Embeddedness [J]. Management Decision, 2020, 10 (8): 1075.

[38] Gupta A K, Brockhoff K, Weisenfeld U. Making Trade Offs in the New Product Development Process: A German/US Comparison [J]. The Journal of Product Innovation Management, 1992, 9 (1): 11 –18.

[39] Necmi K, Warren B. Time – Based Management of the New Product Development Process [J]. Journal of Product Innovation Management, 1993, 10 (3): 204 –215.

[40] Taylor A, Greve H R. Superman or The Fantastic Four? Knowledge Combination and Experience in Innovative Teams [J]. Academy of Management

Journal, 2006, 49 (4): 723 - 740.

[41] Chin T, Wang W, Yang M. The Moderating Effect of Managerial Discretion on Block Chain Technology and The Firms' Innovation Quality: Evidence From Chinese Manufacturing Firms [J]. International Journal of Production Economics, 2021, 240: 108 - 219.

[42] Prajogo D I, Sohal A S. The Relationship Between Organization Strategy, Total Quality Management (TQM), and Organization Performance - The Mediating Role of TQM [J]. European Journal of Operational Research, 2006, 168 (1): 35 - 50.

[43] Duan Y, Huang L, Luo X. The Moderating Effect of Absorptive Capacity on the Technology Search and Innovation Quality Relationship in High - Tech Manufacturing firms [J]. Journal of Engineering and Technology Management, 2021, 13 (62): 101656.

[44] Zhao X, Sun B. The Influence of Chinese Environmental Regulation on Corporation Innovation and Competitiveness [J]. Journal of Cleaner Production, 2016, 18 (112): 1528 - 1536.

[45] Peng H, Liu Y. How Government Subsidies Promote the Growth of Entrepreneurial Companies in Clean Energy Industry: An Empirical Study in China [J]. Journal of Cleaner Production, 2018, 22 (188): 508 - 520.

[46] Grant R M, Baden - Fuller C. A Knowledge Accessing Theory of Strategic Alliances [J]. Journal of Management Studies, 2004, 41 (1): 61 - 84.

[47] Ekboir J M. Research and Technology Policies in Innovation Systems: Zero Tillage in Brazil [J]. Research Policy, 2003, 32 (4): 573 - 586.

[48] Dang J, Motohashi K. Patent Statistics: A Good Indicator for Innovation in China? Patent Subsidy Program Impacts on Patent Quality [J]. China Economic Review, 2015 (35): 137 - 155.

[49] Zhang G, Lv X, Zhou J. Private Value of Patent Right and Patent Infringement: An Empirical Study Based on Patent Renewal Data of China [J]. China Economic Review, 2014 (28): 37 - 54.

［50］ Tsai K H, Wang J C. External Technology Acquisition and Firm Performance: A Longitudinal Study [J]. Journal of Business Venturing, 2008, 23 (1): 91 -112.

［51］ Liu X, Hodgkinson R, Chuang F. Foreign Competition, Domestic Knowledge Base and Innovation Activities: Evidence from Chinese High - Tech Industries [J]. Research Policy, 2014, 43 (2): 414 -422.

［52］ Arvanitis S, Lokshin B, Mohnen P. Impact of External Knowledge Acquisition Strategies on Innovation: A Comparative Study Based on Dutch and Swiss Panel Data [J]. Review of Industrial Organization, 2015, 46 (4): 359 -382.

［53］ Cho D H, Yu P I. Influential Factors in the Choice of Technology Acquisition Mode: An Empirical Analysis of Small and Medium Size Firms in the Korean Telecommunication Industry [J]. Technovation, 2000, 20 (12): 691 -704.

［54］ Hsuan J, Mahnke V. Outsourcing R&D: A Review Model and Research Agenda [J]. R&D Management, 2011, 41 (1): 1 -7.

［55］ Kotabe M, Mol M J, Murray J Y. Outsourcing, Performance, and the Role of Ecommerce: A Dynamic Perspective [J]. Industrial Marketing Management, 2008, 37 (1): 37 - 45.

［56］ Badir Y F, Frank B C, Bogers M. Employee - Level Open Innovation in Emerging Markets: Linking Internal, External, and Managerial Resources [J]. Journal of the Academy of Marketing Science, 2019, 48 (13): 891 -913.

［57］ Feng X B, Ma X S, Shi Z. How Knowledge Search Affects the Performance of Reverse Internationalization Enterprises: The Co - Moderating Role of Causation and Effectuation [J]. Journal of Knowledge Management, 2020, 10 (5): 393.

［58］ Lahiri N. Geographic Distribution of R&D Activity: How Does It Affect Innovation Quality? [J]. Academy of Management Journal, 2010, 53 (5): 1194 - 1209.

［59］ Peter S, Davis E B, Paula D E, Tim P. The Influence of CEO Gender on Market Orientation and Performance in Service Small and Medium - Sized Service

Businesses [J]. Journal of Small Business Management, 2010 (4): 475 - 496.

[60] Bernile G, Bhagwat V, Raup R. What Doesn't Kill You Will Only Make You More Risk - Loving: Earlylife Disasters and CEO Behavior [J]. Journal of Finance, 2017, 72 (1): 111 - 134.

[61] Rosenkop L, Nerkar A. Beyond Local Search: Boundary Spanning Exploration and Impact in the Optical Disk Industry [J]. Strategic Management Journal, 2001, 22 (4): 287 - 306.

[62] Li J J, Poppo L, Zhou K Z. Relational Mechanisms, Formal Contracts, and Local Knowledge Acquisition by International Subsidiaries [J]. Strategic Management Journal, 2010, 31 (4): 349 - 370.

[63] Sidhu J S, Volberda H W, Commandeur H R. Exploring Exploration Oriention and Its Determinants: Some Empirical Evidence [J]. Journal of Management Studies, 2004, 41 (6): 913 - 932.

[64] Ahuja G. Collaboration Networks, Structural Holes, and Innovation: A Longitudinal Study [J]. Administrative Science Quarterly, 2000, 45 (3): 425 - 455.

[65] Singh K, Mitchell W. Growth Dynamics: The Bidirectional Relationship between Inter - Firm Collaboration and Business Sales in Entrant and Incumbent Alliances [J]. Strategic Management Journal, 2005, 26 (6): 497 - 521.

[66] Lopez - Vega H, Tell F, Vanhaverbeke W. Where and How to Search? Search Paths in Open Innovation [J]. Research Policy, 2016, 45 (1): 125 - 136.

[67] Collins C J, Smith K G. Knowledge Exchange and Combination: The Role of Human Resource Practices in the Performance of High - Technology Firms [J]. Academy of Management Journal, 2006, 49 (3): 544 - 560.

[68] Hawkins M A, Rezadade M H. Knowledge Boundary Spanning Process: Synthesizing Four Spanning Mechanisms [J]. Management Decision, 2012, 50 (10): 1800 - 1815.

[69] Fleming L. Finding the Organizational Sources of Technological Breakthroughs: The Story of Hewlett Packard & Ampaposs Thermal Inkjet [J]. Industrial

and Corporate Change, 2002, 11 (5): 1059 - 1084.

[70] Wu A Q, Wei J. Effects of Geographic Search on Product Innovation in Industrial Cluster Firms in China [J]. Management and Organization Review, 2013, 9 (3): 465 - 487.

[71] Phene A, Lindqui S K, Marsh L. Breakthrough Innovations in the U. S. Biotechnology Industry: The Effects of Technological Space and Geographic Origin [J]. Strategic Management Journal, 2006, 27 (4): 369 - 388.

[72] Ahuja G, Lampert C M. Entrepreneurship in the Large Corporation: A Longitudinal Study of How Established Firms Create Breakthrough Inventions [J]. Strategic Management Journal, 2001, 22 (3): 521 - 543.

[73] Vanhaverbeke W, Van de Vrande V, et al. Connecting Absorptive Capacity and Open Innovation [R]. Working Papers, 2008.

[74] Carmeli A, Halevi M Y. How Top Management Team Behavioral Integration and Behavioral Complexity Enable Organizational Ambidexterity: The Moderating Role of Contextual Ambidexterity [J]. Leadership Quarterly, 2009, 20 (2): 207 - 218.

[75] Schreiner M, Kale P, Corsten D. What Really Is Alliance Management Capability and How Does It Impact Alliance Outcomes and Success? [J]. Strategic Management Journal, 2009, 30 (13): 1395 - 1419.

[76] Gulati R. Alliances and Networks [J]. Strategic Management Journal, 1998, 19 (4): 293 - 317.

[77] Hong J, Jingxuan Y, Jinlong G, How Digital Platform Capability Affects the Innovation Performance of SMEs Evidence from China [J]. Technology in Society, 2023 (72): 102 - 187.

[78] Sussan F, Acs Z J. The Digital Entrepreneurial Ecosystem [J]. Small Busines Economics, 2017, 49 (1): 55 - 73.

[79] Tiwan A, Bush A A. Spotting Lemons in Platform Markets: A Conjoint Experiment on Signaling [J]. IEEE Transactions on Engineering Management, 2014, 61 (3): 393 - 405.

[80] Harald O. Collectively Created Opportunities in Emerging Ecosystems: The Case of Solar Service Ventures [J]. Technovation, 2015, 39 – 40 (1): 14 – 25.

[81] Du D L, Fu Y P, Gao K. How Value Cocreation Affects Enterprise Innovation Performance from the Perspective of Innovation Ecosystem Regulated Intermediary Model [J]. Technology Progress Policy, 2021, 38 (10): 105 – 113.

[82] Nanbisan S, Sawhney M. Orchestration Processes in Network Centric Innovation: Evidence from the Field [J]. Academy of Management Perspectives, 2011, 25 (3): 40 – 57.

[83] Jones C, Borgattih S P. A General Theory of Network Governance: Exchange Conditions and Social Mechanisms [J]. Academy of Management Review, 1997, 22 (4): 911 – 945.

[84] Li Y, Vanhaverbeke W, Schoenmakers W. Exploration and Exploitation in Innovation: Reframing the Interpretation [J]. Creativity and Innovation Management, 2008, 17 (2): 107 – 126.

[85] Shah S K. Motivation, Governance, and the Viability of Hybrid Forms in Open Source Software Development [J]. Management Science, 2006, 52 (7): 1000 – 1014.

[86] Deci E L, Ryan R M. The 'What' and 'Why' of Goal Pursuits: Human Needs and the Self – Determination of Behavior [J]. Psychological Inquiry, 2000, 11 (4): 227 – 268.

[87] Kuk G. Strategic Interaction and Knowledge Sharing in the KDE Developer Mailing List [J]. Management Science, 2006, 52 (7): 1031 – 1042.

[88] Huber T L, Kude T, Dibbern J. Governance Practices in Platform Ecosystems: Navigating Tensions Between Cocreated Value and Governance Costs [J]. Information Systems Research, 2017, 28 (3): 563 – 584.

[89] Ekker H C. Control of Inter – Organizational Relationships: Evidence on Appropriation Concerns and Coordination Requirements [J]. Acounting, Organizations and Society, 2004, 29 (1): 27 – 49.

[90] Dast K, Teng B S. Betwen Trust and Control: Developing Confidence in

Partner Cooperation in Aliances [J]. Academy of Management Review, 1998, 23 (3): 491 -512.

[91] Ellet W. The Case Study Handbook: How to Read, Discuss, and Write Persuasively About Cases [M]. Harvard Business Review Press, 2007.

[92] Eisenhardt K M. Building Theories from Case Study Research [J]. Academy of Management Review, 1989, 14 (4): 532 -550.

[93] Yin, Robert K. Case Study Research: Design and Methods [M]. Sage Publications, 2014.

[94] Yin, Robert K. Case Study Research: Design and Methods [M]. Sage Publications, 2004.

[95] Holsti O R. Content Analysis for the Social Sciences and Humanities [M]. Addison - Wesley, 1969.

[96] Katila R, Ahuja G. Something Old, Something New: A Longitudinal Study of Search Behavior and New Product Introduction [J]. Academy of Management Journal, 2002, 45 (6): 1183 -1194.

[97] Gawer A. Bridging Differing Perspectives on Technological Platforms: Toward an Integrative Framework [J]. Research Policy, 2014 (43): 1239 -1249.

[98] Beekun, et al. Organization Structure from a Loose Coupling Perspective: A Multidimensional Approach [J]. Decision Sciences, 2001, 32 (2): 227 250.

[99] Wren D A. Interface and Inter - Organizational Coordination [J]. Academy of Management Journal, 1967, 10 (1): 69 -81.

[100] Corredoira R A, Banerjee P M. Measuring Patent's Influence on Technological Evolution: A Study of Knowledge Spanning and Subsequent Inventive Activity [J]. Research Policy, 2015, 44 (2): 508 -521.

[101] Snihur Y, Wiklund J. Searching for Innovation: Product, Process, and Business Model Innovations and Search Behavior in Established Firms [J]. Long Range Planning, 2019, 52 (3): 305 -325.

[102] Huang H C, et al. Overcoming Organizational Inertia to Strengthen Business Model Innovation: An Open Innovation Perspective [J]. Journal of Or-

ganizational Change Management, 2013, 26 (6): 977 –1002.

[103] Zhu X X, et al. The Fit Between Firms' Open Innovation and Business Model for New Product Development Speed: A Contingent Perspective [J]. Technovation, 2019, 86/87: 75 –85.

[104] Wang C L, et al. Knowledge Networks, Collaboration Networks, and Exploratory Innovation [J]. Academy of Management Journal, 2014, 57 (2): 454 –514.

[105] Mcgaffey T N, Christy R. Information Processing Capability as a Predictor of Entrepreneurial Effectiveness [J]. Academy of Management Journal, 1975, 18 (4): 857 –863.

[106] Sternberg R. Cognitive Psychology [M]. Belmont: Wadsworth/Thomson Learning, 2003.

[107] Jap S D, Ganesan S. Control Mechanisms and the Relationship Life Cycle: Implications for Safeguarding Specific Investments and Developing Commitment [J]. Journal of Marketing Research, 2000, 37 (2): 227 –245.

[108] North D C. Institutions, Institutional Change, and Economic Performance [M]. Cambridge, MA: Harvard University Press, 1990.

[109] Daniel C P, Mikko R, María M. The Demola Model as a Public Policy Tool Boosting Collaboration in Innovation: A Comparative Study Between Finland and Spain [J]. Technol, 2020 (63): 1 –17.

[110] Radoslav D, Michal T, Frantisek J. Trust Building Electronic Services as a Crucial Self Regulation Feature of Digital Business Ecosystems [J]. Journal of System Integration, 2012, 3 (2): 29 –38.

[111] Aiken M, Hage J. Organizational Interdependence and Intra – Organizational Structure [J]. American Sociological Review, 1968, 33 (6): 912 –930.

[112] Mohr L B. Organizational Technology and Organizational Structure [J]. Administrative Science Quarterly, 1971, 16 (4): 444 –459.

[113] Zhu Z, Zhao J, Bush A A. The Effects of Ebusiness Processes in Supply Chain Operations: Process Componentand Value Creation Mechanisms [J]. In-

ternational Journal of Information Management, 2020, 50: 273 -285.

[114] Cenamor J, Parida V, Wincent J. How Entrepreneurial SMEs Compete through Digital Platforms: The Roles of Digital Platform Capability, Network Capability and Ambidexterity [J]. Journal of Business Research, 2019 (100): 196 -206.

[115] Shaikh M, Levina N. Selecting an Open Innovation Community as an Alliance Partner: Looking for Healthy Communities and Ecosystems [J]. Research Policy, 2019, 48 (8): 1 -16.

[116] Laursen K, Salter A. Open for Innovation: The Role of Openness in Explaining Innovation Performance among UK Manufacturing Firms [J]. Strategic Management Journal, 2006, 27 (2): 131 -150.

[117] Stefano C, Clara G. How Many Patents Does It Take to Signal Innovation Quality [J]. Original International Journal of Industrial Organization, 2015, 43 (5): 66 -79.

[118] Lerner J. The Importance of Patent Scope: An Empirical Analysis [J]. Rand Journal of Economics, 1994, 25 (2): 319 -332.

[119] Hsuan H, Xuan T, Yan X. Financial Development and Innovation: Cross Country Evidence [J]. Journal of Financial Economics, 2014, 112 (1): 112 129.

[120] Molina - Castillo F J, Munuera - Aleman J L. The Joint Impact of Quality and Innovativeness on Short Term New Product Performance [J]. Industrial Marketing Management, 2009, 38 (8): 984 -993.

[121] Wuyts S, Geyskens I. The Formation of Buyer - Supplier Relationships: Detailed Contract Drafting and Close Partner Selection [J]. Journal of Marketing, 2005, 69 (4): 103 -117.

[122] Fornell C, Larcker D F. Evaluating Structural Equation Models with Unobservable Variables and Measurement Error [J]. Journal of Marketing Research, 1981, 24 (2): 337 -346.

[123] Chandrasekaran A, et al. Antecedents to Ambidexterity Competency in High Technology Organizations [J]. Journal of Operations Management, 2012, 30 (1): 134 -151.

附　　录

附录1：企业数字平台模块化设计相关的访谈提纲

1. 贵企业对数字平台模块化的定义和理解是什么？

2. 贵企业数字平台是否已经应用模块化设计？如果是，如何使用？如果否，是否有计划引入该设计理念？

3. 贵企业数字平台治理机制是否完善？具体包括哪些方面的规范和标准？

4. 贵企业数字平台治理机制的建立和完善是否面临挑战？如何应对这些挑战？

5. 贵企业数字平台模块化设计如何促进不同功能模块之间的协作和共享？

6. 贵企业数字平台模块化设计如何提高创新成果的质量和安全性？

7. 贵企业数字平台模块化设计如何支持企业快速迭代和扩展，从而促进创新的持续发展？

8. 贵企业在应用数字平台模块化设计时面临的主要挑战是什么？如何解决这些挑战？

附录2：数字平台模块化对平台企业创新的作用机理研究调查问卷

尊敬的女士/先生：

您好！首先，衷心感谢您在百忙之中抽出宝贵时间来参与本次调查。本问卷由××××大学创新生态研究中心组织实施，旨在了解企业数字平台模块化赋能企业创新的内在作用机理，为数字经济背景下企业数字平台管理实践与创新发展提供理论支撑。鉴于本次研究的样本规模有限，您的答复将对研究结果产生重要影响。请您基于个人经验和观察，认真回答以下问题。同时，我们严肃承诺：本调查采用匿名方式，所填写问卷结果没有标准答案，仅用于整体分析和研究，不会进行个别处理或披露。感谢您的配合与支持！如您有意了解研究细节，请在问卷结尾留下联系方式，以便我们及时与您沟通。

敬祝

商祺！

联系人：×××

联系方式：×××××××8371

课题组：××××大学创新生态研究中心

第一部分：基本信息

1. 贵企业创立的时间：

□ 5年及以下　□ 6—10年　□ 11—20年　□ 20年以上

2. 贵企业的规模：

□ 100人及以下　□ 100—500人　□ 501—1000人　□ 1000人以上

3. 贵企业的性质是：

☐ 民营企业　☐ 国有企业　☐ 外资企业　☐ 合资企业

☐ 其他

4. 贵企业所属行业：

☐ 高技术制造业　☐ 传统制造业

☐ 服务业　☐ 其他

5. 贵企业上年度主营业务收入规模（单位：人民币）：

☐ 低于 500 万元　☐ 500 万—1500 万元

☐ 1500 万—2500 万元　☐ 2500 万元以上

6. 您在贵企业内的职位是：

☐ 高层管理者　☐ 中层管理者

☐ 专业技术人员　☐ 其他

第二部分：数字平台模块化对企业创新作用机理的相关变量测度

填写说明：本次调查采用李克特 7 级打分法对主要概念进行测度：1 代表极不同意；2 代表不同意；3 代表有些不同意；4 代表中立或一般；5 代表有些同意；6 代表同意；7 代表非常同意。请根据贵公司的实际情况，在适当的选项上打“√”。

（1）数字平台模块化		极不同意 → 非常同意 1	2	3	4	5	6	7
近似可分解性：在企业数字平台的模块化设计中，各个功能模块呈现相对独立的特性，使它们可以独立进行开发、测试和部署，而且彼此之间不存在相互干扰或影响彼此运行的情况。								
AD1	企业的数字平台上各模块间在工作上有较大的发挥空间	☐	☐	☐	☐	☐	☐	☐
AD2	企业的数字平台上各模块所需的专业技能和知识无法相互替代	☐	☐	☐	☐	☐	☐	☐
AD3	在很多事情上，企业的数字平台赋予了各模块自主的决定权	☐	☐	☐	☐	☐	☐	☐
AD4	企业的数字平台工作任务需要模块内紧密协作才能完成	☐	☐	☐	☐	☐	☐	☐
AD5	企业的数字平台模块能够单独升级而不影响整体系统	☐	☐	☐	☐	☐	☐	☐

续表

规则设计明确性：在企业数字平台的模块化设计中，各个模块之间的互动和数据传递遵循明晰清晰的规范，这些规范在设计阶段便已确立，并得到了有效实施。								
RDC1	企业的数字平台采用了现有和潜在合作伙伴普遍接受的标准进行设计	□	□	□	□	□	□	□
RDC2	企业的数字平台支持合作伙伴的模块与自身平台模块间的开放连接	□	□	□	□	□	□	□
RDC3	企业的数字平台预留有大量 APIs（应用程序接口）	□	□	□	□	□	□	□
RDC4	企业的数字平台各模块间的联系有标准的程序和规则	□	□	□	□	□	□	□
RDC5	企业的数字平台各模块的功能明晰	□	□	□	□	□	□	□
（2）跨界搜索		极不同意 → 非常同意						
		1	2	3	4	5	6	7
跨界搜索广度：跨越模块边界获取知识，注重广泛搜索，以达到对功能信息、市场需求、平台政策等知识的全面、及时认知。								
SB1	企业的数字平台功能模块所搜索的知识领域广阔	□	□	□	□	□	□	□
SB2	企业各模块使用的知识搜索通道数量众多	□	□	□	□	□	□	□
SB3	企业内外功能模块间有特定的知识交流行为	□	□	□	□	□	□	□
SB4	企业各模块连接互补方功能模块以搜索异质性创新知识	□	□	□	□	□	□	□
跨界搜索深度：聚焦于单元模块内节点间联系的渠道，注重深度搜索，以达到对特定领域知识的深入了解以及创新功能的有效学习。								
SD1	企业对跨平台各层模块搜索到的知识的利用强度大	□	□	□	□	□	□	□
SD2	企业的各模块能够深度提取自身特定领域知识	□	□	□	□	□	□	□
SD3	企业基于各层模块间搜索到的知识进行整合	□	□	□	□	□	□	□
SD4	企业专注于在特定的跨子系统层的模块间进行深入且集中的探索活动	□	□	□	□	□	□	□
（3）企业创新		极不同意 → 非常同意						
		1	2	3	4	5	6	7
创新质量：企业所呈现的创新具备更高效、全面和精确的特征，其成果更具前瞻性和可持续性，有助于更好地响应市场需求。								
IQ1	企业在新产品构思方面做得很出色	□	□	□	□	□	□	□
IQ2	企业开发的新产品市场前景很好	□	□	□	□	□	□	□
IQ3	企业开发的新产品质量高	□	□	□	□	□	□	□
IQ4	针对市场需求，企业能提出更好的创新方案	□	□	□	□	□	□	□

续表

创新速度：企业在技术、产品或服务方面的开发、实施和推出过程中，所表现出的快速响应能力和高效率水平。		
IS1	企业开发的新产品能在短时间内上市	□ □ □ □ □ □ □
IS2	企业开发新产品的周期短	□ □ □ □ □ □ □
IS3	企业在产品构思与研发过程中速度快	□ □ □ □ □ □ □
IS4	针对市场需求，企业能很快地提出相应的创新方案	□ □ □ □ □ □ □
（4）数字平台治理机制		极不同意 → 非常同意 1 2 3 4 5 6 7
数字平台正式治理机制：对传统契约进行扩展，通过数字化技术（区块链技术等）构建的数字化合约等契约形式，为平台各主体间提供数智化的协调方式。		
DPFGM1	企业的数字平台遵循完善的正式规则	□ □ □ □ □ □ □
DPFGM2	企业的数字平台拥有公认且完善的认证系统	□ □ □ □ □ □ □
DPFGM3	企业的数字平台上功能模块出现违规行为时数字平台会予以制裁	□ □ □ □ □ □ □
DPFGM4	契约签订是企业数字平台运行的基础	□ □ □ □ □ □ □
数字平台非正式治理机制：通过平台数据分析增强各主体间信任，并基于线上互动等数字化方式，促进共同愿景的实现。		
DPIGM1	企业数字平台中有良好的协调和信息机制	□ □ □ □ □ □ □
DPIGM2	企业数字台会通过声誉约束企业投机行为	□ □ □ □ □ □ □
DPIGM3	企业数字平台愿意并积极参与到各方互动中	□ □ □ □ □ □ □
DPIGM4	企业数字平台会互惠规范保证交易顺利进行	□ □ □ □ □ □ □

本次调查到此结束，非常感谢您的支持！若您对我们的研究感兴趣并希望深入了解，请留下您的联系方式：________________________。

致　谢

本书的成稿源自我在山西财经大学完成的博士论文，经由补充修订最终得以出版。书稿付梓之际，谨向所有在我学术道路上给予支持与帮助的师友亲朋致以最诚挚的谢意。

由衷感谢敬爱的博导张宝建教授，感谢您在我学术研究过程中给予的悉心指导和帮助，那些数不清多少次的红笔修改和细致批注让我受益匪浅。感谢您在我论文的选题和研究框架的确定等各方面给予的宝贵建议和支持，并在论文成稿修改过程中给予了多次细致的指导。学生愚钝，感念恩师不放弃的支持和教诲。在个人成长过程中，您以包容与耐心，让我在成长之路上能够不断审视自己，深刻领悟到成功并非一蹴而就，需要持续地反思和进步。在我沮丧迷茫时，您总是以宽厚的胸怀和耐心的教诲指导引领我走出困境。回首走过的路，我深深感受到了您的良苦用心，您的悉心教诲是我求学路上最宝贵的财富，也是我成长历程中的重要支柱。在未来的学术道路上，我将铭记恩师的教诲，秉持恩师的期望，脚踏实地前行。在此，衷心祝愿恩师身体健康，学术长青，桃李满天下！

感谢硕导孙国强教授，您对学术研究的专注和精益求精的态度，教导了我如何以严谨的方法和态度去探索问题。您给予学生关怀，让我深感温暖。在此，向您表达衷心的感谢和敬意。感谢硕导吉迎东副教授，您温润如玉，待人和蔼可亲，在我攻读硕士学位的过程中，是您在学业上给予我引导和支持。感谢太原师范学院经济与管理学院领导闫二旺院长、马占钧书记、李博院长、程小燕院长、张勇生书记对本书出版的倾力支持。承蒙学院领导对学术出版经费上的专项资助，方使研究成果得以系统呈现。学院“崇德、博学、团结、创新”的学术氛围与对青年学者的扶持政策，为本书的完善提供了重要保障。

同窗情谊，山高水长。感谢同门师姐李鹏利博士对书稿提出的系统性修改建议，感谢师妹胡小雨博士、师弟李坚强博士在书稿数据收集中的协助。感谢硕士室友刘霞对书稿提出的细致修改建议。感谢发小挚友王静、梁静红、李晓转，相识相伴二十余载，是你们一路的倾听与鼓励，支撑我完成了这段写作之旅。

感谢最爱的爸爸妈妈，正直坚毅的父亲和温暖坚强的母亲，您们的言传身教塑造了我如今的品格，我的前进离不开您们一次次的托举，您们是我人生道路上最坚实的依靠。感谢亲爱的弟弟贾昌盛和弟妹覃燕燕，有幸成为至亲手足，谢谢你们一路陪伴、肯定和支持着我，愿未来我们继续并肩前行。谢谢可爱的小侄儿贾梓杨，你的出现像阳光一样治愈着我，愿仔仔健康茁壮成长！

感谢我的爱人武成健，身为军人的你，因使命在肩，无法常伴身侧，但关心从未缺席。在我本硕博漫长的求学之旅中，你尊重并竭力支持我所有的选择，为我的情绪托底，物质方面更是从未让我有过一丝局促。安稳生活的背后，是你默默的付出，谢谢你用全部的爱，伴我走过这段旅程。愿我们未来继续互相成就，共同成长！

从博士论文到学术专著，写作过程中承蒙恩师悉心点拨、学院领导倾力相助、亲友默默支持。虽反复推敲，仍恐有疏漏浅见，诚盼读者诸君批评指正。学术之路漫漫，惟愿以深耕回报所有托举之力。

贾昌进　谨识

时维二〇二五年桃月

书于太原师范学院汇文书院